Lebenskrisen

Aljoscha A. Schwarz/Ronald P.
Schweppe

Lebenskrisen

Auswege und Start zu neuen Zielen

NEFF

Hinweis: Die in diesem Buch direkt oder indirekt ausgesprochenen Empfehlungen sind von Autoren und Verlag nach bestem Wissen und Gewissen erarbeitet und sorgfältig überprüft worden. Dennoch kann eine Garantie nicht übernommen werden. Eine Haftung der Autoren, des Verlags oder seiner Beauftragten für Personen-, Sach- und Vermögensschäden ist ausgeschlossen.

NEFF ist ein Imprint der
VPM Verlagsunion Pabel Moewig KG, Rastatt

Druck und Bindung: Graphischer Großbetrieb Pößneck
Printed in Germany 1996
ISBN 3-8118-5392-9

Inhalt

Vorwort

Liebe Leserin, lieber Leser,
jeder von uns hat es im Laufe seines Lebens immer wieder einmal mit sehr schwierigen, oft sogar scheinbar aussichtslosen Situationen zu tun. Durch schicksalhafte Ereignisse, aber auch durch natürliche Entwicklungsprozesse, die wir durchlaufen müssen, kann es in unserem Leben zu besonders belastenden Phasen kommen. Gerade in Lebenskrisen – wie etwa der Midlife-crisis des Mannes, den Wechseljahren der Frau oder Partner-, Trennungs- und Verlustkrisen – gelangen wir oft an die Grenzen unserer Belastbarkeit.

Im Ratgeber Lebenskrisen werden wir Ihnen nun zahlreiche Möglichkeiten vorstellen, konstruktiv mit Lebenskrisen umzugehen. Ein Blick auf die häufigsten Lebenskrisen, vor allem aber die praktischen Aspekte der bewußten Krisenbewältigung werden hierbei im Mittelpunkt stehen.

Je zahlreicher die Ansatzpunkte sind, mit denen wir unsere Probleme in Angriff nehmen, desto größere Chancen haben wir, die Wandlung, zu der uns jede Krise auffordert, bewußt zu vollziehen.

Im Verlauf dieses Buches werden wir Ihnen Schritt für Schritt zeigen, wie Sie lernen können, Ihre Krise ganzheitlich zu lösen. Zunächst wird es dabei darum gehen, die Krise zu verstehen, die Ursachen zu erforschen, die die Krise bewirkt haben, die Chancen zu erkennen, die in der momentanen Krise verborgen liegen, und den wichtigen Schritt zu tun, bei dem wir uns dazu entschließen, die Regie über unser Leben zu übernehmen, was bedeutet, daß wir auch wirklich den Willen entwickeln, die schwierige Situation zu meistern.

Um die Krise dann überwinden zu können, wird es ferner entscheidend sein zu erkennen, was während einer Krise überhaupt mit uns geschieht. Wir werden Ihnen zeigen, daß jede Krise unvermeidbar bestimmte Phasen durchläuft und daß jeder Mensch darüber hinaus auch sehr unterschiedlich mit Krisen umgehen wird. Wenn Sie aber einerseits wissen, was während einer Lebenskrise auf Sie zukommt, und wenn Sie andererseits erkennen, was für ein „Krisentyp" Sie selbst sind, werden Sie enorme Vorteile haben, da Sie dadurch gefährliche Fluchtmechanismen, wie etwa die Flucht in den Alkohol oder in die Arbeitssucht, vermeiden können.

Wenn Sie die Zusammenhänge Ihrer Krise erst einmal erkannt haben, können Sie sich daranmachen, sie mit den Lösungsstrategien zu bewältigen, die wir Ihnen in Form einfacher kleiner „Übungen", Tips, Selbstbefragungen usw. anbieten werden. Ferner werden diese Strategien Ihnen dabei helfen, mit Streß umzugehen und negative Emotionen in positive Kräfte umzuwandeln.

Da es nicht immer möglich sein wird, vor allem besonders dramatische Situationen alleine zu überwinden, werden wir Sie auch darauf hinweisen, wann es nötig wird, Hilfe von außen in Anspruch zu nehmen und wo Sie diese Hilfe erhalten.

Jede Hilfe von außen sollte aber immer Hilfe zur Selbsthilfe sein, denn nur wir selbst können unsere Krisen letztlich überwinden. Daher werden wir Ihnen gegen Ende unseres Buches auch zeigen, wie Sie den Kontakt zu Ihrer eigenen Mitte herstellen und sich der Führung aus Ihrem eigenen Inneren anvertrauen können, was die Voraussetzung dafür ist, daß Sie Ihr Gleichgewicht wiederfinden und sowohl unbeschadet als auch verwandelt und gestärkt aus der Krise hervorgehen werden.

Einführung

Kein Leben ohne Krise

Die Krise ist allgegenwärtig. Täglich werden wir mit Krisen konfrontiert, im günstigsten Falle „nur“ durch die Medien, vielleicht aber auch innerhalb unseres Freundes- und Bekanntenkreises oder innerhalb unserer Partnerschaft.

Zunehmend ist von Krisen die Rede. Da wird von Krisenherden, von politischen, ökologischen, wirtschaftlichen und kulturellen Krisen gesprochen, und neuerdings ist immer öfter sogar von der globalen Krise die Rede. Daß Krisen zum Leben gehören ist zwar zunächst keine gute Nachricht, nichtsdestotrotz aber eine Tasache, derer man sich möglichst schnell bewußt werden sollte.

Wenn Sie nun gerade in einer akuten Krise stecken sollten, weil Ihnen etwa der Mann oder die Frau davongelaufen ist oder das Alter immer deutlichere Spuren in Ihrem Gesicht hinterläßt, so haben Sie zumindest diesen einen schwachen Trost, daß Sie nämlich beileibe nicht alleine sind.

Steckt schon unser Planet in der Krise (weil seine Bewohner es nicht rechtzeitig gelernt haben, in sanfter und bewußter Weise mit ihm umzugehen), so verwundert es kaum, daß auch die Menschheit, die auf diesen Planeten immerhin angewiesen ist, ebenso wie ganze Völker, Staatsformen, Parteien, Organisationen, Familien, Partnerschaften, Ehen, vor allem aber auch jeder einzelne nicht von diesem Schicksal verschont bleiben können.

Wenn wir uns im vorliegenden Buch mit dem Thema „Lebenskrisen“ beschäftigen wollen, so müssen wir natürlich erst einmal klären, worin denn diese allgegenwärtige „Krise“, von der überall die Rede ist, überhaupt besteht.

Das Wort „Krise“ stammt aus dem Griechischen – krisis – und bedeutet zunächst nichts anderes als Entscheidung oder Scheidung. Im psychologischen wie im allgemeinen Sinne spricht man von Krise immer als von einer besonders schwierigen Situation, etwa in Form einer Entscheidungssituation oder in Form eines Wende- oder Höhepunktes einer Entwicklung. Und wenn wir davon sprechen, daß es irgendwo kriselt, so meinen wir, daß dieser Wende- oder Höhepunkt einer bestimmten Entwicklung drohend bevorsteht und daß die Entscheidung nicht mehr lange auf sich warten lassen wird.

Alles Lebendige bleibt in Bewegung, unterliegt einer ständigen Entwicklung, verändert sich, wächst und wechselt immerzu vom vergangenen in den gegenwärtigen und schließlich in den zukünftigen Zustand über. Daß dies nicht immer reibungslos geschieht und daß Schwierigkeiten darüber hinaus sogar oft hilfreich sind, um gewisse Entwicklungen zu beschleunigen, erklärt, warum wir es zeit unseres Lebens wohl oder übel immer wieder mit schwierigen Situationen und Krisen zu tun haben werden.

Krise als Wendepunkt

Obwohl das Wort „Krise" derzeit in aller Munde ist, sollten wir nicht den Fehler begehen, jede schwierige Situation gleich als Krise zu bezeichnen. Sätze wie: „O Gott, ich krieg' die Krise!" bekommen wir ja oft schon dann zu hören, wenn der Regenschirm in Anbetracht einiger drohender Gewitterwolken seinen Dienst versagt und sich nicht aufspannen läßt oder wenn der Friseur mit seiner Haartönung unseren Geschmack nicht so ganz getroffen hat.

Im Gegensatz zum Problem, das eine gewisse Schwierigkeit oder eine zu lösende Aufgabe darstellt, die wir eine ganze Weile vor uns herschieben können, stellt die Krise uns gewissermaßen an den Rand des Abgrunds. Die Krise stürzt uns in schwere Konflikte, die zahlreiche seelische Belastungen mit sich bringen. Können wir mit einzelnen Problemen noch einigermaßen zu Rande kommen, so hört sich bei Krisen jeglicher Spaß auf.

Durch die Dramatik und die Intensität, mit der Krisen auf uns einwirken, stellen sie uns an einen vollkommen neuen Ausgangspunkt, der sich grundsätzlich von unserem bisherigen Zustand relativen Gleichgewichts unterscheidet.

Die Krise zwingt uns zu einer Entscheidung, zu einer Kursänderung, zu einer Veränderung in unserem Leben – und das oftmals mit bisher nicht gekannter Dringlichkeit. Natürlich gibt es Unterschiede innerhalb der verschiedenen Lebenskrisen, und natürlich ist die Schwere der Krise, die durch den Verlust eines geliebten Menschen eintritt, normalerweise sehr viel gewichtiger und für die anderen offensichtlicher, als es etwa bei einer Midlife-crisis der Fall ist. Ganz abgesehen davon reagiert aber auch jeder Mensch wiederum unterschiedlich auf ein und dieselbe Lebenskrise.

Dennoch wird jede Krise, wenn es sich wirklich um eine handelt, Verzweiflung, Ohnmacht und Hilfosigkeit in uns erzeugen. Und nur der absoluten Dringlichkeit dieser Situationen und der Intensität dieser Gefühle, die auf dem Höhepunkt der Krise über uns hereinbrechen, verdanken wir letztlich die Möglichkeit, uns zu verändern und zu wachsen.

Besonders deutlich wird die Funktion der Krise als Wendepunkt, wenn wir auf die gewissermaßen „natürlichen" Krisen, das heißt auf jene Krisen blicken, die sich notwendigerweise durch die menschliche Entwicklung hindurchziehen, der Entwicklung also, die wir alle durchmachen müssen. Hiermit sind Entwicklungskrisen wie etwa die Pubertät, die Wechseljahre oder die Alterskrisen gemeint.

Immer wieder steht zwischen zwei natürlichen Phasen des Lebens, beispielsweise zwischen der Zeit der Kindheit und dem Erwachsensein, ganz natürlicherweise der Wendepunkt und damit die Krise. Während der Sinn der genannten Entwicklungskrisen offensichtlich ist, ist es oft sehr viel schwieriger, den Sinn in Schicksalskrisen, die etwa durch Verlust, Unfälle oder Tod ausgelöst werden, zu entdecken. Doch natürlich handelt es sich auch bei diesen, durch äußere Einflüsse erzeugten Krisen um Wendepunkte, in denen wir uns entscheiden müssen, wie es mit unserem Leben weitergehen soll. Allerdings muß dazu gesagt werden, daß das Mehr an Selbstbewußtsein als Folge der intensiveren Selbsterfahrung immer erst dann möglich ist, wenn der Tiefpunkt überwunden wurde.

Krise als Gefahr und Chance

Als Wendepunkt birgt jede Krise immer die Chance zum Neubeginn und zur Verwandlung. Die dramatische, ja gefährliche Situation drängt ja geradezu zu einer Veränderung und Wandlung. Und auch in der Medizin kennen wir den Begriff „Krisis“ als Bezeichnung für den Wendepunkt im Krankheitsgeschehen, beispielsweise in Form plötzlichen Fieberabfalls als Einleitung der Genesung.

Obwohl die Krise also immer die Chance beinhaltet, die Dinge zum Besseren zu wenden, kommt es doch durchaus nicht immer wirklich dazu, daß der Mensch die Krise im Sinne seiner eigenen Persönlichkeitsentwicklung nützt.

Prinzipiell gibt es drei Möglichkeiten, Krisen zu lösen und zu einem Ende zu bringen: Durch eine gelungene Krisenbewältigung erreichen wir ein Stadium der Verwandlung, das zu größerer Reife und Einsicht führt, was natürlich die beste Möglichkeit ist. Gelingt die Bewältigung jedoch nur unzureichend, werden wir wahrscheinlich körperliche oder seelische Verletzungen davontragen, die es uns erschweren, zukünftige Krisen zu meistern. Im schlimmsten Fall, wenn die Bewältigung nämlich gar nicht gelingt, tritt die dritte Möglichkeit ein, bei der die Krise uns lebenslängliche Probleme beschert oder uns sogar in den Tod treiben kann.

Hier wird klar, warum wir Krisen immer sehr ernst nehmen müssen und daß wir uns immer darüber im klaren sein sollten, wie gefährlich Lebenskrisen werden können. Deshalb ist es auch sehr wichtig, daß wir lernen, uns auf eine gute, gesunde Art mit unseren Krisen zu beschäftigen und falls nötig professionelle Hilfe in Anspruch zu nehmen.

Ob die akute Krise für unser seelisches oder körperliches Überleben wirklich gefährlich ist und vielleicht zu einer chronischen Krise wird oder ob sie zur Chance wird, durch die wir beispielsweise lernen, besser mit Emotionen wie Angst und Trauer umgehen zu können, liegt aber nicht allein in der äußeren Situation, sondern vor allem auch an unserer eigenen Perspektive, unserem Willen und unserer inneren Kraft. Zwar ist jede Krise natürlich Ausdruck einer Belastungs- oder Überlastungssituation, doch wann Belastung unerträglich und wann sie zur Überlastung wird, ist letztlich immer auch von jedem einzelnen abhängig.

Besteht die Gefahr der Krise im Zusammenbruch und der Kapitulation, so liegt ihre Chance in einer erhöhten Selbsterkenntnis, dem Ausbruch aus der alltäglichen Routine, einer Vertiefung des Fühlens, einer größeren Klarheit des Denkens und letztlich auch einer Erweiterung des Bewußtseins.

Die Krise – eine Sehnsucht der Seele?

Suchen wir nach einem Sinn in der Krise, so müssen wir über das, was uns die Krise an äußeren Chancen zur Wandlung zu bieten hat, hinausblicken.

Wir wissen ja grundsätzlich, daß Krisen den Menschen verwandeln, daß sie ihm helfen können, ungelöste Konflikte, die vielleicht bereits seit früher Kindheit bestehen mögen, zu lösen, daß sie ihm ferner dabei helfen, seine eigenen Schwächen und Fehler, aber auch seine eigentlichen Bedürfnisse zu erkennen, und daß die Krise auch ein Stadium darstellt, in dem neue Fähigkeiten erworben werden müssen, die für die Persönlichkeitsentwicklung unumgänglich sind.

Weiterhin liegt es auf der Hand, daß Menschen, die einmal eine Krise überstanden haben, für alle anderen, die diese noch nicht überstehen mußten, zu sehr wertvollen Helfern werden können. Dennoch müssen wir uns darüber hinaus fragen, warum wir in der gegenwärtigen Phase unseres Leben in gerade diese Krise geraten sind, und welchen Sinn unser Leid macht, das wir durch diese schwierige Situation erfahren müssen. Natürlich könnten wir es uns einfach machen, indem wir etwa davon ausgehen, daß dies eben eine Sache des Schicksals oder besser noch des Zufalls sei, doch wird uns diese Antwort niemals befriedigen können, da sie uns im Grunde keinen Schritt weiterbringt.

Vielleicht sollten wir einen erweiterten Standpunkt einnehmen – wenigstens, um ein Experiment zu wagen, das uns aus unserer bisherigen Sichtweise befreien und uns den Blick auf unser Leben von einer höheren Position aus ermöglichen kann:

Indem wir als Menschen in der uns vertrauten äußeren Welt leben, in der wir kraft unserer Persönlichkeit handeln, fühlen, denken, unser Leben gestalten, einen Beruf ergreifen, vielleicht heiraten, Kinder zeugen und alt werden, neigen wir dazu, eine Perspektive einzunehmen, die nach außen gerichtet ist.

In einer Welt, in der Leistung von uns verlangt wird, in der wir zu funktionieren haben und in der wir versuchen müssen, den Erwartungen anderer Menschen gerecht zu werden, ist es ganz normal, daß wir es verlernen, den Blick nach innen zu richten.

Als Menschen sind wir jedoch keine Maschinen, sondern beseelte Wesen mit einem enormen inneren Potential. Dieses Potential können wir aber nur nützen, wenn wir in Kontakt mit unserer Seele bleiben, was bei vielen von uns jedoch meist nicht uneingeschränkt der Fall ist. Zu einseitig ist einerseits die auf das Außen konzentrierte Sichtweise, zu groß sind andererseits die äußeren Anforderungen und die mehr oder weniger zahlreichen Enttäuschungen, die zur Ernüchterung führen mußten.

Daß die meisten von uns sich mit der äußeren Person, oder wie Graf Dürckheim es nennt, mit dem „Welt-Ich“ identifizieren, heißt nun aber noch lange nicht, daß wir ohne „Inneres Ich“, ohne Seele sind, oder wie immer Sie sonst Ihren innersten Wesenskern bezeichnen möchten.

Bedenken wir die Chancen, die jede Krise für unsere Selbsterkenntnis und schließlich auch für unsere Selbstverwirklichung beinhaltet, so verstehen wir schnell, warum unsere Seele unter bestimmten Umständen geradezu Situationen anziehen mag, die uns aus unserer Lähmung befreien, weil sie in unseren oft so mechanisch ablaufenden Alltag einbrechen und die Voraussetzungen für den Blick nach innen schaffen.

Es ist ja nicht so, daß das, was wir nicht verstehen können, deshalb keinen Sinn macht. Unser Verständnis ist nämlich immer entscheidend von unserem Entwicklungs- und Bewußtseinszustand abhängig. Weder sieht das Neugeborene den Sinn der Geburt noch der Jugendliche den Sinn der Pubertät – und obwohl das Individuum sich ständig weiterentwickelt, sieht es doch meist auch nicht den Sinn im Älterwerden, in der Krise der Wechseljahre, im Fortgehen der Kinder oder gar im Verlust des Arbeitsplatzes oder des Partners.

Wenn wir nun einmal überhaupt davon ausgehen wollen, daß Leben sinnvoll ist, dann müssen wir natürlich auch den Sinn von Lebenskrisen akzeptieren, die eine ganz entscheidende Bedeutung für die Entwicklung des Bewußtseins haben.

Ohne Krisen würden wir ewig in der Illusion der Sicherheit verhaftet bleiben. Natürlich ist es angenehm zu glauben, man könnte sich in Sicherheit wiegen, könnte zum Beispiel davon ausgehen, der Partner, der Job, Jugend und Vitalität blieben auf ewig erhalten – doch „leider" ist dies nun einmal nicht der Fall.

Tatsächlich gibt es in den äußeren Dingen des Lebens sehr viel weniger Sicherheit, als wir gemeinhin annehmen. Der Wunsch, Stabilität und Sicherheit in seiner Außenwelt, seinen Beziehungen usw. zu finden, ist freilich leicht verständlich, wird aber sehr selten erfüllt. Zudem behindert der Versuch, außen alles „in Ordnung zu bringen", den Blick nach innen, der so notwendig wäre, um die Quelle wirklicher Stabilität und Sicherheit zu finden.

Nur auf den ersten Blick zerstört die Krise, die oft so gewaltsam in unser Leben hereinbricht und die herrschende Ordnung durcheinanderwirbelt, unseren Halt, unsere Sicherheit und unseren Sinn. In Wirklichkeit zerstört sie aber vielmehr eine trügerische Illusion und bietet uns an, uns von unserem Festhalten an den bisher gültigen Werten zu lösen, um etwas Größeres und Wertvolleres zu finden. Überhaupt ist die Loslösung ein wichtiger Aspekt vieler Krisen. Wir lösen uns aus dem Mutterleib, von unseren Eltern, Partnern, Tätigkeiten und auch von alten Vorstellungen. Und mit jeder Loslösung nähern wir uns schrittweise einem Mehr an Freiheit, einem Mehr an Selbstbewußtsein und einem Mehr an Erkenntnis. Nur so ist es möglich, daß wir allmählich zu immer freieren, bewußteren und reiferen Menschen werden, die sich selbst nicht nur im Außen, sondern vor allem auch im Inneren spüren und erfahren.

Die verschiedenen Lebensphasen und ihre Krisen

Im folgenden wollen wir einen Blick auf jene Phasen im Leben des Menschen werfen, die besonders krisenanfällig sind. Obwohl wir uns im Grunde ständig verändern, und obwohl die seelischen und körperlichen Zustände, in denen wir uns befinden, einem ständigen Wandel unterliegen, gibt es doch besondere Einschnitte im menschlichen Leben, die so entscheidend für die weitere Entwicklung sind, daß sie einer besonderen Heraushebung bedürfen. Diese besonderen Einschnitte werden in Form von Lebenskrisen sehr deutlich erfahrbar, mit denen jeder von uns irgendwann zu tun hat.

Wenn wir uns nun aber mit dem Thema „Krise" beschäftigen, so sollten wir dabei zunächst grundsätzlich zwischen den Entwicklungskrisen und den Schicksalskrisen unterscheiden.

Werfen wir zuerst einen Blick auf die Entwicklungskrisen, so sehen wir, daß diese Krisen immer zwischen zwei relativ stabilen Phasen innerhalb des menschlichen Lebens auftreten und zur natürlichen Entwicklung des Menschen gehören.

Strenggenommen ist die Geburt bereits die erste dieser Entwicklungskrisen. Im weiteren Verlauf haben wir es dann mit der Krise der Trotzphase, mit der Pubertät und dem Eintritt in das Studium oder die Ausbildung – dem Eintritt in das Erwachsenenalter – zu tun. Später folgen dann typische Erwachsenenkrisen wie etwa die Midlife-crisis des Mannes oder die Wechseljahre der Frau, und auch am Ende des Lebens sind wir dann oft noch mit den Krisen des Alters konfrontiert.

Im Gegensatz zu diesen mehr oder weniger unvermeidbaren und natürlichen Entwicklungskrisen gibt es aber auch ausgesprochene Schicksalskrisen beziehungsweise Verlustkrisen, wie sie etwa durch die Trennung vom Partner, den Verlust eines geliebten Menschen, den Verlust des Arbeitsplatzes oder auch der Wohnung sowie ferner durch schwere Erkrankungen usw. eintreten können.

Ferner können Krisen aber auch durch unverarbeitete Traumata und seelische Verletzungen, die die eigene Integrität bedrohen und die eigene Persönlichkeit erschüttern, hervorgerufen werden. Diese Art von Krisen tritt immer dann auf, wenn es im Leben des Menschen zu Mißhandlungen, Vergewaltigung, Inzest, zu Sexualdelikten im Kindheitsalter oder auch zu weniger dramatischen Ereignissen kommt.

Obwohl die von uns angebotenen Lösungsstrategien und Techniken bei der Bewältigung jeglicher Krisen behilflich sein können, versteht es sich von selbst, daß schwere psychische Traumata in Form schrecklicher Kindheitserlebnisse usw. natürlich immer in erfahrene, sprich professionelle Hände gehören. Wir werden uns in diesem Buch nun vor allem auf die Entwicklungs- und Verlustkrisen konzentrieren, da wir einerseits den begrenzten Rahmen nicht sprengen möchten, andererseits aber ja vor allem jene Leser und Leserinnen ansprechen wollen, die nicht unbedingt therapeutische Hilfe benötigen beziehungsweise in Anspruch nehmen wollen.

Kinderkrisen

Wie stark das Thema „Krise“ mit dem menschlichen Leben verbunden ist, wird spätestens dann klar, wenn wir bedenken, daß unser Leben mit der Geburtskrise beginnt und mit der Todeskrise endet. Nimmt man zu der Anfangs- und Endkrise noch die unzähligen möglichen Lebenskrisen dazu, verwundert es nicht weiter, daß von unserem im Grunde recht gefährlichen Leben auch als von einem „Tanz auf dem Vulkan“ die Rede ist. Leider ist es eine (wenn auch verbreitete) Illusion zu glauben, daß wir uns in Sicherheit wiegen können, nur weil wir uns gesund fühlen, einen netten Partner gefunden haben und finanziell abgesichert sind, denn eigentlich ist unser Leben sehr viel unsicherer, als uns lieb und klar ist. Dies wird eigentlich schon deutlich, wenn wir einmal an unseren „Anfang“ zurückdenken.

Die Geburt stellt vielleicht bereits die größte Krise im Menschenleben dar, und wer einmal die Gelegenheit hatte, bei einer Geburt dabeizusein und ein Neugeborenes aus nächster Nähe zu betrachten, der hat sicher den Ausdruck des Entsetzens im Gesicht dieses kleinen, neuen Menschen beobachten können.

Dieser Ausdruck des Schreckens ist indes allzu verständlich. Leben wir nämlich vor der Geburt in einem Zustand absoluter Geborgenheit, Nähe und Wärme, so werden wir durch die Geburt auf das Unangenehmste in einen kalten, womöglich neonbeleuchteten Kreißsaal geworfen, in dem weißgekleidete Gestalten in uns eine böse Ahnung von dem erzeugen, was in dieser Welt noch auf uns zukommen mag.

Obwohl die Geburt ein wichtiger Wendepunkt, ja eigentlich erst der Beginn der individuellen Existenz des Menschen ist, obwohl die Geburt also unbedingt nötig ist, um einmal das werden zu können, was zu werden wir bestimmt sind, ist das Erlebnis der Geburt an sich doch in höchstem Maße traumatisch. Durch den Verlust des bergenden, schützenden Mutterschoßes wird der Mensch erstmals mit einem Trennungsschmerz konfrontiert, der starkes Leid verursacht und sich sehr wahrscheinlich auch auf das ganze weitere Leben auswirken wird.

Der Mutter obliegt es, den Schrecken, den ihr Kind durch die Geburt erlebt, wenigstens zu lindern, indem sie sich dem Neugeborenen körperlich zuwendet, es berührt, umarmt, auf den Bauch legt – ihm aber gleichzeitig auch auf seelischer Ebene ihre Wärme und Zuneigung entgegenbringt. Aus unterschiedlichen Gründen ist es jedoch leider nicht immer der Fall, daß das Kind unmittelbar nach der Geburt die körperlich-seelische Zuwendung und Wärme erfährt, derer es so dringend bedürfte, wodurch die Geburtskrise für das Neugeborene sehr viel schwerer überwunden werden kann, als es eigentlich sein sollte.

Die Suche nach dem Ich

Lebt der Säugling noch im Gefühl der Einheit mit der Mutter und kennt er noch nicht die Unterscheidung zwischen „Ich“

und „Du", so beginnt für das Kleinkind irgendwann einmal die Zeit, da es sich aufmachen muß, die Welt zu ergründen. Die Suche nach dem Ich, der Beginn einer neuen Weltsicht, nämlich der Weltsicht der Polarität, steht vor der Tür, und damit naturgemäß die Krise.

Das Kind muß die Erfahrung seiner individuellen Existenz machen, muß erfahren, was es heißt, selbst zu essen, selbst zu gehen, auf eigenen Beinen zu stehen. Während der Säugling durch die Eltern vor der Außenwelt geschützt, verpflegt, gekleidet und ernährt wird, muß das Kleinkind die Welt entdecken und den schützenden Raum nun allmählich verlassen.

Natürlich setzt diese Entwicklung bei jedem Kind unterschiedlich schnell ein und dauert auch unterschiedlich lange an. Wenn man von der typischen Kinderkrise spricht, so bezieht man sich dabei jedoch meist auf die sogenannte Trotzphase beziehungsweise das Trotzalter und meint damit die Zeit zwischen dem 3. und 4. bis 5. Lebensjahr.

In dieser Zeit muß das Kind lernen, seinen eigenen Willen zu erfahren und ihn auch durchzusetzen. Es muß diesen wichtigen Schritt tun, um die Willensfunktion in die eigene Persönlichkeitsentwicklung zu integrieren und somit gewissermaßen erstmals selbst das Steuer zu übernehmen.

Diese Phase, in der auch der Bewegungsdrang stark ausgeprägt ist und in der das Kind die Erfahrung des Eigenbereichs, die Erfahrung des „Ich" machen will, verunsichert die Eltern häufig sehr. Daher kommt es in dieser Zeit auch besonders leicht zu Erziehungsfehlern, indem die Eltern etwa versuchen, den Willen des Kindes zu brechen oder ihm aber im Sinne der antiautoritären Erziehung allzu freien Lauf lassen, so daß der Wille des Kindes auf keinen Gegenwillen trifft, an dem er sich erproben und stärken könnte.

Freilich ist es oft schwierig, das rechte Mittelmaß zu finden. Weder die überängstliche Mutter noch der autoritäre Vater (natürlich gibt es auch die umgekehrte Variante) trägt dazu bei, dem Kind einerseits den nötigen Freiraum für seine Lernprozesse zu lassen, es aber andererseits an seine

Grenzen zu erinnern, ohne die ihm die Orientierung unmöglich wird.

Verunsicherte Eltern sollten sich immer vergegenwärtigen, daß die übertriebene Betonung des eigenen „Ich" ihres in der Trotzphase befindlichen Sprosses letztlich von großer Unsicherheit und Verletzlichkeit zeugt. Diese Verletzlichkeit entsteht aus einem Mangel an Selbstgefühl. Das Kind muß erst lernen, sich selbst vom anderen zu unterscheiden, muß lernen, einen Unterschied zwischen außen und innen, zwischen Phantasie und Wirklichkeit zu machen.

Am besten helfen Eltern ihrem „Trotzkopf" durch seine Krise, indem sie darauf achten, daß sie ihm genügend Raum für die Begegnung mit der äußeren Welt lassen und gleichzeitig Orientierungshilfe geben. Indem ferner dafür gesorgt wird, daß die notwendige Begegnung mit Dingen und Menschen möglichst harmonisch verläuft, hilft man dem Kind, ein Bewußtsein von der äußeren Welt zu entwickeln und sich selbst als von den anderen getrennt zu erfahren.

Alpträume und Kinderkrankheiten

Obwohl die Trotzphase als typische Entwicklungskrise der Kindheit gilt, ist es natürlich nicht so, daß das Überstehen dieser Phase nun das Ende der Kinderkrisen bedeuten würde. Sowohl der Eintritt in den Kindergarten als auch die Einschulung sind weitere wichtige Wendepunkte im Leben des Kindes. Ob derartige Situationen allerdings zur Krise werden, hängt von vielen verschiedenen Faktoren, nicht zuletzt aber von der inneren Stabilität des Kindes ab.

Das Kennenlernen der äußeren Welt, von dem soeben die Rede war, ist mit vielerlei Problemen verbunden. Alleine die Entdeckung, daß diese Welt auch von bösen Kräften beeinflußt wird, bereitet dem Kind Angst und Schrecken. Hinzu kommt die Schwierigkeit, zwischen Phantasie und Wirklichkeit zu unterscheiden.

So schön die eigene Kindheit dem Erwachsenen im nachhinein auch vorkommen mag, so ist sie doch eine relativ labile und damit auch krisenreiche Lebensphase, wovon auch die zahlreichen Kinderkrankheiten zeugen.

In Krankheiten wie Masern, Windpocken, Röteln usw. manifestieren sich auf der körperlichen Ebene seelische Konflikte. Das Kind hat noch nicht die nötige Erfahrung und somit auch noch nicht das nötige Gleichgewicht, um gegen Angriffe von außen gewappnet zu sein. Diese Angriffe können natürlich ebenso in Form von Viren auf der körperlichen, wie auch in Form von Reizen und Erlebnissen auf der psychischen Ebene stattfinden.

Während wir es im körperlichen Bereich mit den mehr oder weniger zahlreichen Kinderkrankheiten zu tun haben, finden wir auch im psychischen Bereich einen Ausdruck der Kinderkrise, und zwar in Form von Alpträumen, die ja bekanntlich besonders in der Kindheit auftreten und von unbewältigten Konflikten zeugen. Gerade kleine Kinder haben oft Angst davor, ins Bett zu gehen, weil sie wissen, daß sie dort von möglicherweise immer wiederkehrenden Alpträumen heimgesucht werden.

Im Gegensatz zum Erwachsenen können Kinder negative Einflüsse wesentlich schlechter verarbeiten – und von bewußter Konfliktbewältigung kann beim Kind ohnehin nicht die Rede sein. Um so wichtiger ist es, daß Eltern ihre Kinder vor negativen Reizen, wie sie beispielsweise auch zunehmend von den Medien ausgehen, schützen und ihnen dabei helfen, die so wunderbare, aber doch auch so schwierige Zeit der Kindheit mit „seelisch heiler Haut“ zu überstehen.

Jugendkrisen

Zwischen der Kindheit und dem Erwachsensein steht als Übergangsphase die Jugend, die innerhalb der Entwicklung der meisten Menschen eine besonders krisenreiche Zeit darstellt. Besteht der Grundkonflikt beim Kind darin, „Ich“ sagen zu lernen und sich seiner Existenz als Individuum überhaupt einmal bewußt zu werden, so tauchen in der Jugend Konflikte auf, die zum einen mit dem Erwachen der Sexualität, zum anderen mit der Suche nach dem „Du" und der Ablösung von den Eltern zusammenhängen.

Die Pubertät

Die Pubertät gilt als die typische Lebenskrise des Jugendlichen. Als Pubertät bezeichnet man allgemein den Eintritt der Geschlechtsreife, der hierzulande bei Mädchen etwa ab dem 11. Lebensjahr, bei Jungen etwa ab dem 12. stattfindet. Die Phase der Pubertät dauert durchschnittlich bis zum 16. oder 17. Lebensjahr an.

In der Pubertät kommt es zu einschneidenden Veränderungen im Organismus des Jugendlichen. Was das Körperliche betrifft, so beobachten wir hier als Folge des veränderten Hormonhaushaltes vor allem das Eintreten der Menses (Regel) bei Mädchen und der Pollution (nächtliche Samenergüsse) bei Jungen.

In dieser Zeit kommt es auch zur Ausprägung der sekundären Geschlechtsmerkmale. So setzt beispielsweise das Wachstum der Schamhaare ein, bei Mädchen entwickeln sich die Brüste, beim Jungen kommt es zur Veränderung der Stimmlage und zu Bartwuchs. Als weiterer belastender Faktor kommt in dieser Lebensphase der puberale Wachstumsschub, also eine schubweise auftretende Veränderung der Körpergröße, hinzu.

Durch die hormonelle Umstellung befindet sich aber nicht nur der Körper, sondern auch die Seele in der Krise. Als Folge des Spannungsverhältnisses zwischen den physiologisch bedingten Veränderungen im Körper und dem sozial noch nicht geordneten Geschlechtsleben ist die Pubertät auch eine Phase sozialer und psychischer Unausgeglichenheit.

In der Pubertät leidet der Jugendliche daher oft unter inneren Erregungszuständen, Müdigkeit, Lustlosigkeit, Konzentrationsschwäche und damit verbunden natürlich oft auch unter einem Leistungsabfall in der Schule, der wiederum zu weiteren Konflikten mit Eltern oder Erziehungspersonen führen mag.

Nehmen wir die Belastungen durch hormonelle Prozesse auf der einen und den Druck durch Schule, Prüfungen, die Erwartungen der Eltern und die gerade für den Jugendlichen oft unerträgliche, nur an Leistung orientierte Gesellschaft auf der anderen Seite, so können wir verstehen, warum die Pubertät für die Jugendlichen eine derart schwierige Zeit ist.

Wie gefährlich diese Krise werden kann, wird klar, wenn man um die zunehmende Suizidbereitschaft, die Zunahme an Selbstmordabsichten oder Selbstmordphantasien, vor allem aber um die besonders in Großstädten tatsächlich ansteigende Anzahl der Selbstmorde bei Jugendlichen weiß.

Natürlich nimmt der Wunsch nach Flucht aus der Gesellschaft nicht immer gleich derartige Formen an. Dennoch sollte man sich als Elternteil darüber im klaren sein, daß Kinder in dieser Zeit meist sehr viele Probleme haben und entsprechend viel Verständnis brauchen.

Auch die Pubertätsmagersucht, die ja vor allem bei jungen Mädchen auftritt, signalisiert die psychische Reifungskrise. Diese Form der Magersucht, die oft mit der Ablehnung der weiblichen Rolle zusammenhängt und auf eine Abwehrreaktion gegen das Erwachsenwerden, vor allem gegen die körperliche Entwicklung zur Frau hinweist, führt zu Nahrungsverweigerung und extremer Abmagerung.

Pubertierende oder magersüchtige Jugendliche befinden sich in einer andauernden Trotz- und Protesthaltung, weshalb die Pubertät oft auch als „zweite Trotzphase" bezeichnet wird. Mit Sicherheit haben es Jugendliche, die in unserer heutigen Zeit aufwachsen, besonders schwer. Einerseits verstärkt die heutige Reizüberflutung die ohnehin schon ausgeprägte Hormontätigkeit, andererseits fehlt es oft auch an erwachsenen Vorbildern, die noch in der Lage wären, Werte wie Toleranz, Liebe oder Mitgefühl zu verkörpern, da die meisten Erwachsenen aufgrund der einseitig am Materiellen orientierten Sichtweise selbst in einer Krise stecken.

Während der introvertierte Jugendliche seine Probleme nach innen verlagern und entsprechend unter Ängsten, Minderwertigkeitsgefühlen und Depressionen leiden wird, wird der extrovertierte junge Mensch eher zu Aggressionen, zu deutlich nach außen getragenem Protest, vielleicht sogar in Form von Radikalismus und Gewalt, neigen.

Um Fehlentwicklungen vorzubeugen, ist die besondere Aufmerksamkeit der Eltern erforderlich. Gerade in schweren Phasen der Pubertätskrise ist es immer wieder wichtig, die Jugendlichen zu fragen, was sie empfinden, wie es ihnen geht, was ihnen angst macht, und auf die Probleme einfühlsam einzugehen.

Dabei geht es sicher nicht darum, schnelle Rezepte anzubieten, wohl aber um die aufrichtige Beschäftigung mit den Nöten des werdenden Erwachsenen. Im Einzelfall kann dies schon auch einmal bedeuten, daß wir zugeben müssen, die Lösung für die momentane Angst, Unsicherheit etc. unseres Kindes auch nicht zu kennen und daß auch wir verunsichert sind und Angst haben mögen.

Die Loslösung vom Elternhaus

Die Zeit der Pubertät ist auch im Bereich der Eltern-Kind-Beziehung eine Zeit der Wende. So wie das Kind lernen mußte, sich wenigsten zeitweise von der Mutter zu entfernen, um die Welt zu entdecken, dabei jedoch immer aufs engste mit der Mutter verbunden blieb, so muß der Jugendlich lernen, sich im übergeordneten Sinne auf die eigenen Füße zu stellen, um in der Welt seinen Mann beziehungsweise seine Frau zu stehen, was natürlich auch kein bißchen leichter ist.

Für die Eltern ist das Loslassen in dieser Phase oft so schwierig, daß sie in dieser Zeit selbst in eine Krise geraten. Dennoch läßt sich die natürliche Entwicklung nicht aufhalten. Der junge Mensch will nun endgültig das Nest verlassen und erste Flugversuche wagen.

In dem Maße, in dem der Jugendliche in Kontakt zu seinen vitalen Energien kommt, wächst sein Drang nach Erfahrung und Entwicklung. Während der Tatendrang nahezu ungebrochen ist, fehlt es häufig an Geduld und Besonnenheit. Die Zunahme an Energie kann der Jugendliche aber nur allzu gut brauchen, geht es in dieser Phase doch darum, den Übergang von der Kleingruppe, sprich von der Familie und dem Elternhaus, in die Großgruppe, also in die große weite Welt zu schaffen und selbst die Verantwortung für das eigene Leben zu übernehmen.

Wissen die Eltern, was in dieser Phase auf sie zukommt, so sind sie relativ gut auf diese Zeit des Umbruchs vorbereitet. Die Ablösung vom Elternhaus geht sehr oft mit einer Ablösung vom bisher gültigen Wertesystem einher. Kritik an Eltern, Geschwistern, Lehrern, ja an der ganzen Gesellschaft schlechthin wird laut.

Der Jugendliche sucht nach neuen Idealen, die er zunächst oft nur in Form von Idolen findet, seien es nun Popstars, Filmschauspieler oder sonstigen „Stars". So schnell es geht, neue Idole zu finden, der Gesellschaft zumindest scheinbar den Rücken zuzukehren und sich an „Opinion-leaders" zu orientieren, so lange dauert es oft, bis die eigene Identität gefunden wird.

Soweit als möglich sollten Eltern dieser Entwicklung gelassen gegenüberstehen. Natürlich ist dies in Anbetracht der „Aufmüpfigkeit" ihrer Lieblinge, der Kritik an der eigenen Person, der Tatsache, daß die Kinder sich eigenartigen Gruppen wie Punks, Technokids, Rockern, Rappern, Schickies usw. anschließen, sich entsprechend seltsam kleiden, ihre Bauchnabel piercen, halbe bis ganze Nächte lang unterwegs sind oder gar mit Drogen wie Haschisch oder Ecstasy experimentieren, alles andere als leicht.

Wahrscheinlich ist eines der schwierigsten Probleme, dem sich Eltern in derlei Situationen gegenübersehen, zu unterscheiden, ob das Tun ihres Kindes noch im „normalen", für die Entwicklung bis zu einem gewissen Grad notwendigen Bereich liegt oder ob das Kind ernsthaft seine Stabilität und seine psychische oder physische Gesundheit gefährdet. Hier muß immer sehr sorgsam abgewogen werden, denn ebenso, wie vorschnelle Panik unnötig ist, wird in diesen Fällen auch eine allzu große Nachlässigkeit von Übel sein.

In der Krise der Pubertät sind es, wie auch bei den Kindheitskrisen, wiederum die Eltern, die erheblich dabei behilflich sein können, ihren Kindern die Ablösung zu erleichtern, indem sie die Kinder einerseits nicht an sich binden und zu drillen versuchen, sie aber andererseits auch nicht in gleichgültiger Weise sich selbst überlassen.

Erste Liebe

Abgesehen von hormonalen und psychosozialen Belastungen finden wir im Bereich der ersten Liebe und der ersten Zuwendung zum anderen Geschlecht ein weiteres reiches Feld für die Entstehung von Jugendkrisen. Zwar erwachen die sexuellen Energien ja bereits im kleinen Kind, dennoch ist die Pubertät zweifellos die Zeit, in der die sexuellen Triebe sich mit aller Deutlichkeit in das Bewußtsein des Heranwachsenden drängen.

Gleichzeitig mit dem Erwachen der Sexualität kommt es in der Zeit der Pubertät zu ersten Liebesbeziehungen zu Gleichaltrigen. Jetzt wird die Wirkung, die man auf das andere Geschlecht hat, ausgetestet. Innerhalb der Clique kann es dabei zu relativ häufigen Partnerwechseln kommen. Natürlich werden dabei Probleme auftauchen, die auf die mangelnde Erfahrung mit dem anderen Geschlecht, aber auch auf die mangelnde Erfahrung mit der eigenen Sexualität zurückzuführen sind.

So birgt die Zeit der ersten Liebe – so erfüllend sie anfangs auch sein mag – mannigfaltige Möglichkeiten für Enttäuschungen, Frustrationen und erste Partnerkrisen im Leben des jungen Menschen. So notwendig die Erfahrung der ersten Liebe ist, um sich aus dem Bereich der Familie herauszuwagen und den Mittelpunkt des eigenen Lebens auf sich selbst hin zu verlagern, so zahlreich sind gerade jetzt die Möglichkeiten, enttäuscht und ernüchtert zu werden.

Durch die mit der Pubertät zusammenhängende Übersteigerung der Emotionen und durch den Mangel an Selbstwertgefühl und Selbstbewußtsein kann eine enttäuschte Liebe für den Jugendlichen zur großen Gefahr werden, die im schlimmsten Fall mit Selbstmord oder Selbstmordversuchen enden kann.

Viele Jugendliche haben in der Zeit der Pubertät eine große Sehnsucht, der nüchternen Realität zu entfliehen. So ist die Neigung zu Tagträumen, Drogenkonsum, aber auch die Neigung, sich in der Liebe vollkommen aufzugeben, weit verbreitet. Scheitert der Versuch, Erfüllung zu finden, spitzt sich die Pubertätskrise zu.

Wer hier als Erwachsener Hilfe zu leisten hat, könnte auf ungeahnte Schwierigkeiten stoßen. Vor allem vernünftige, „nüchterne" Argumente werden hier wenig fruchten, da der noch viel seelenverbundenere Jugendliche oft eine andere Sprache spricht und versteht, als der bereits durch zahlreiche Erfahrungen geprägte Mensch. Wir möchten Ihnen nicht zuletzt auch aus diesem Grunde dringend dazu raten, immer dann professionelle Hilfe in Anspruch zu nehmen, wenn Sie das Gefühl haben, daß die Krise, in der Ihr Kind sich befindet, eine dramatische Wendung nimmt und Sie sich überfordert fühlen. Für diesen Fall stehen Psychologen, Jugendämter, Therapeuten, Pro Familia, die Telefonseelsorge, aber schon auch einmal der Hausarzt zur Verfügung.

Die Krisen des Erwachsenen

Der Mythos von der stabilen Lebensmitte

Haben wir als Erwachsene erst einmal die Krisen aus der Kindheit und der Jugend überwunden, so mögen wir vielleicht glauben, daß das Schlimmste nun wohl bereits geschafft sei und daß wir nun gewissermaßen „über den Berg" wären. Leider ist dies, wie Sie wahrscheinlich auch aus eigener Erfahrung wissen werden, nicht der Fall.

Doch während wir unseren Krisen als Kinder und Jugendliche nahezu wehrlos ausgesetzt waren und kaum Mittel anwenden konnten, ihnen in rechter Weise zu begegnen, können wir als erwachsene, reife Menschen nun doch einiges tun, um Krisen, die uns im Leben wohl oder übel immer wieder erschüttern werden, schneller zu lösen und aus eigener Kraft zu überwinden.

Wenn wir im folgenden einen Blick auf die typischen Erwachsenenkrisen werfen und im Anschluß daran Wege zur Krisenlösung aufzeigen wollen, so sollten wir uns zunächst darüber im klaren sein, daß es leider sehr viele krisenauslösende Faktoren im Leben des Menschen gibt. Allerdings ist es immer sehr von der inneren Stabilität des einzelnen abhängig, ob bestimmte Situationen Krisen auslösen oder nicht, denn manche Menschen sind sehr viel leichter in eine Krise zu stürzen als andere.

Wenn Sie Ihre persönliche Krisenanfälligkeit überprüfen möchten, sollten Sie sich nun etwas Zeit nehmen, um sich anhand der folgenden Aufzählung zu fragen, welcher der aufgeführten Punkte Sie persönlich wohl in eine sehr schwere Krise stürzen, und welche Sie zwar beunruhigen, letztlich jedoch nicht allzu schwer treffen würden.

Wie also glauben Sie würden Sie reagieren, wenn auch nur einer der folgenden Krisenauslöser in Ihrem Leben eintreten würde:

- Verlust des Arbeitsplatzes
- Verlust an Attraktivität
- Verlassenwerden durch den Partner
- Verlassenwerden durch die Kinder
- Diagnose, an einer schweren oder lebensbedrohenden Erkrankung zu leiden
- Wohnungskündigung
- Deutlich abnehmende Wirkung auf das andere Geschlecht
- Eintretende Impotenz, beziehungsweise Unfruchtbarkeit
- Ständiger Streit mit dem Partner

- Tod des Partners, eines Freundes, eines Kindes oder der Eltern
- Unfall, der Sie an den Rollstuhl fesselt
- Erblindung oder Verlust des Gehörs
- Plötzlich eintretender Bankrott
- Lange andauernde Einsamkeit

Wenn Sie sich die aufgeführten Krisenauslöser, die nur eine Auswahl an Möglichkeiten darstellen, bewußt vorgestellt haben, werden Sie bemerkt haben, daß einige davon wahrscheinlich panikartige Reaktionen in Ihnen hervorriefen, während andere Ihnen vielleicht weniger angst gemacht haben. Überlegen Sie sich, welche der aufgeführten Situationen in Ihnen am ehesten eine Krise auslösen würde und warum Sie vor der einen Situation mehr, vor der anderen weniger Angst haben.

Obwohl hier jeder Mensch, wie gesagt, unterschiedliche Maßstäbe ansetzen wird, dürfte Ihnen sicherlich bereits klargeworden sein, daß es im Grunde sehr viele Ereignisse gibt, die relativ leicht eintreffen könnten und die zu größter Verzweiflung führen würden.

Wir sehen also, daß das Leben des Erwachsenen alles andere als krisensicher ist. Tagtäglich können wir mit den Grenzen unserer eigenen Kraft konfrontiert werden. Und abgesehen von den obengenannten, zum Großteil sehr dramatischen Situationen können wir auch dann in eine Krise geraten, wenn äußerlich scheinbar gar nichts geschieht. Es genügt schon, daß wir es mit ständig wachsenden Anforderungen von außen zu tun haben, daß immer mehr Hindernisse sichtbar werden, die uns daran hindern, unsere Träume zu verwirklichen und daß uns die Zeit davonläuft, so daß es scheint, als könnten wird das, was wir immer so gerne erreichen wollten, schließlich doch nicht mehr erreichen.

Sehr schnell kann sich in solchen Fällen seelische, körperliche oder auch geistige Erschöpfung breitmachen, wie dies gerade bei Krisen der Lebensmitte wie beispielsweise der

Midlife-crisis passiert, wo wir einfach ausgebrannt sind, uns der Reiz des Lebens fragwürdig wird und wir möglicherweise sogar die Lust am Leben gänzlich verlieren.

Doch nicht nur dramatische Auslöser oder allmähliche Erschöpfung sind dafür verantwortlich zu machen, daß von einer stabilen Lebensmitte keine Rede sein kann. Auch die kollektive Krise, in der sich unsere Gesellschaft befindet, trägt natürlich zu einer erhöhten Krisenanfälligkeit beim einzelnen bei.

Durch die Medien, zum Teil aber auch durch eigene Beobachtung, werden wir tagtäglich mit der globalen Krise konfrontiert, in der unser Heimatplanet und damit letztlich auch die ganze Menschheit sich befindet. Vor allem sensible Menschen können hier sehr empfindlich reagieren, und bis zu einem gewissen Grad wird sicher ein Zusammenhang zwischen dieser globalen Bedrohung und der ständig wachsenden Anzahl von persönlichen Krisen bestehen, unter denen immer mehr Menschen heutzutage leiden.

Natürlich können und wollen wir uns in diesem Buch nicht mit der globalen Krise beschäftigen, doch müssen wir den Zusammenhang zwischen äußeren und inneren Krisen zumindest erwähnen.

Obwohl das Bemühen um inneres Gleichgewicht natürlich immer an erster Stelle stehen muß, sollte jeder einzelne über die Lösung seiner persönlichen Krise hinaus doch auch versuchen, positive Veränderungen im Bereich seiner Umwelt zu bewirken. Tatsächlich ist die Heilung des „Innen" die beste Voraussetzung für die Heilung des „Außen", und wer wirklich an tiefgreifenden Lösungen für seine Lebensprobleme interessiert ist, sollte immer in beide Richtungen aktiv werden.

Fassen wir die wichtigsten krisenauslösenden Faktoren in der Lebensmitte noch einmal zusammen, so können wir grundsätzlich unterscheiden zwischen

- Entwicklungskrisen wie die Wechseljahre oder Alterskrisen
- Verlustkrisen, die etwa durch den Verlust des Arbeitsplatzes, des Partners, der Gesundheit etc. entstehen

- Krisen, die durch chronische Überforderung und damit zusammenhängender Erschöpfung und Lustlosigkeit ausgelöst werden
- Krisen, die mit den Auswirkungen der „äußeren“, globalen Krise zusammenhängen.

Da wir uns in diesem Buch vor allem mit Lösungsstrategien beschäftigen, werden wir im folgenden nur auf die häufigsten Lebenskrisen zu sprechen kommen und die jeweilige Problematik relativ kurz umreißen.

Panik vor dem Älterwerden

Vom Tag unserer Geburt an altern wir ununterbrochen, doch meist wird uns dies gar nicht bewußt, und erst in höherem Alter fangen wir an, über das Altwerden nachzudenken. Das Altern ist ein Prozeß, der durchaus nicht nur von der Anzahl unserer Jahre, sondern von vielen verschiedenen Bedingungen abhängig ist. So hängt es nicht nur von unserer gesundheitlichen und biologischen Situation ab, wie alt wir uns fühlen. Auch gesellschaftliche Einflüsse spielen hier eine wichtige Rolle.

Wir beobachten heute das interessante Phänomen, daß immer mehr Menschen sich immer früher alt fühlen. In früheren Zeiten wurde das Alter erst dann zum Problem, wenn es zu ersten körperlichen Abnutzungserscheinungen, deutlich verringerter Spannkraft und Beweglichkeit, zu Ausfallerscheinungen, also zu wirklichen Alterserscheinungen kam, was normalerweise kaum vor dem 60. Lebensjahr zu erwarten ist.

Inzwischen wissen wir, daß bereits 40- bis 55jährige unter Krisen leiden, die mit dem Älterwerden zusammenhängen. Dabei sind ja insbesondere die Midlife-crisis und die Krise der Wechseljahre zum Begriff geworden.

Neuerdings tauchen bei vielen Menschen aber schon vor diesen typischen Krisen der Lebensmitte immer mehr Probleme mit dem „Sich-alt-fühlen“ auf, und in diesem Zusammenhang war in den Medien sogar schon von der vorverlagerten Midlife-crisis der 30jährigen die Rede.

Dieses Phänomen ist natürlich kein Zufall. Vielmehr deutet es auf die höchst unnatürliche und ungesunde Entwicklung unserer Gesellschaft hin. Immer mehr sind es hier die äußeren Werte, auf die der Schwerpunkt sich verlagert, und dabei sind es wiederum hauptsächlich die Jugend und die Schönheit, die als der Sinn des Lebens schlechthin propagiert werden.

In dem Maße, in dem Menschen nur noch nach ihrem Aussehen, ihrer Jugend und ihrer Leistungsfähigkeit bewertet werden, wächst die Unsicherheit und damit zusammenhängend auch die Angst vor dem Älterwerden. Nicht selten wird man diese Verunsicherung, wie gesagt, schon bei 30jährigen beobachten, die dann bereits neidisch auf die Twens blicken und oft insgeheim schon das Gefühl haben, zum alten Eisen zu gehören.

Dieses Gefühl, das beim „wirklich alten" Menschen vielleicht noch verständlich sein mag, scheint bei denjenigen, die im Grunde auf dem Höhepunkt ihres Lebens stehen, recht unverständlich.

Doch bedenkt man, mit welcher Penetranz wir täglich von den Medien und insbesondere von der Werbung manipuliert werden und wie uns eingetrichtert wird, daß das Leben nur für die ewig jungen, gutaussehenden und strahlenden „Barbiepuppen" und „Tarzans" lebenswert ist, so wird verständlich, daß der herrschende Schönheits- und Jugendwahn vielen Menschen, die diesem Bild nicht entsprechen, große Probleme bereitet und ihr Selbstwertgefühl erschüttert.

Um herauszufinden, wie anfällig Sie für die Panik vor dem Älterwerden sind, können Sie sich einmal kurz folgende Fragen stellen und sie möglichst spontan beantworten:

- Glauben Sie, daß junge Menschen prinzipiell leistungsfähiger sind als ältere?
- Haben Sie das Gefühl, daß schöne Menschen mehr erreichen können als weniger gutaussehende?
- Empfinden Sie zuweilen einen Neid auf jüngere Menschen?

- Haben Sie Angst davor, daß Sie in einigen Jahren weniger leisten können als heute?
- Beunruhigt es Sie, wenn Sie morgens vor dem Spiegel neue Fältchen in Ihrem Gesicht entdecken?

Wenn Sie die aufgeführten Fragen zum überwiegenden Teil mit „Ja" beantwortet haben, sind Sie sicherlich relativ anfällig für die Panik vor dem Älterwerden. Dann ist es höchste Zeit, Ihre Perspektive zu verändern. Um dies zu bewerkstelligen, sollten Sie sich mit den Lösungsstrategien beschäftigen, die wir weiter unten aufführen werden.

Vielleicht hilft es Ihnen aber auch, sich bewußt zu machen, daß der Wert eines Menschen natürlich nicht von seinem Alter abhängig ist. Diesen Wert an der Jugendlichkeit zu messen, ist im Grunde sogar völlig unsinnig. Den Wert an der Leistungsfähigkeit zu messen, ist ebenfalls bedenklich. Doch selbst hier würde man bei genauerer Betrachtung feststellen, daß viele Künstler/innen, Politiker/innen, Wissenschaftler/innen usw. uns tagtäglich zeigen, daß Erfolg auch in hohem Alter möglich ist, ja daß oft sogar erst die Erfahrungen vieler Jahre den Erfolg bedingen.

Wertet man den Menschen jedoch weder seiner Jugend noch seiner reinen Leistungsfähigkeit nach, so findet man erst recht, daß gerade ältere Menschen durch ihre Reife in besonderem Maße dazu fähig sind, Werte wie Liebe, Mitgefühl, Geduld mit sich selbst und den anderen, Toleranz usw. zu verkörpern. Daher sind – was in früheren Zeiten auch niemals angezweifelt wurde – besonders ältere Menschen von unschätzbarem Wert, wenn es darum geht, den Fehlentwicklungen der jüngeren Generationen entgegenzuwirken und beratend einzugreifen.

Es ist nun einmal eine unumstößliche Tatsache, daß wir älter werden, und auch deshalb sollten wir uns möglichst rechtzeitig davon befreien, unser Selbstwertgefühl auf unsere Jugend aufzubauen, da das Ende der Jugend dann auch das Ende des Selbstbewußtseins bedeuten würde. Gerade die Übungen aus dem Kapitel „Hilfe aus der eigenen Mitte“ sind sehr gut geeignet, um ein Selbstbewußtsein aufzubauen, das im Laufe der Zeit immer größer werden, anstatt zusammenschrumpfen wird. Abgesehen von den Krisenlösungs-Strategien, die wir später besprechen werden, wollen wir Ihnen hier schon einige allgemeine Tips geben.

Was Sie gegen die Panik vor dem Älterwerden tun können: Machen Sie sich bewußt, daß das Älterwerden unvermeidbar ist es nun einmal nicht möglich ist, ewig jung zu bleiben.

Akzeptieren Sie alle negativen Gefühle, die Sie in Anbetracht des zunehmenden Alters empfinden.

Bedenken Sie, daß Sie nicht alleine mit Ihrem Problem sind. Alle Ihre Freunde, Ihr Partner usw. altern natürlich genauso wie Sie. Tauschen Sie sich mit ihnen aus, und sprechen Sie über Ihre Ängste und Ihre Unsicherheit.

Pflegen Sie sich, halten Sie sich fit, ernähren Sie sich gesund, aber übertreiben Sie die Sache nicht; konzentrieren Sie sich nicht zu sehr einzig auf Ihr Äußeres.

Beschäftigen Sie sich mit Dingen, die Sie interessieren. Arbeiten Sie an kreativen Projekten, lesen Sie interessante Bücher, beschäftigen Sie sich mit Kunst und geistigen Dingen. Auf diese Weise bleiben Sie nicht nur körperlich, sondern auch geistig flexibel und damit auch jung.

Nehmen Sie sich nicht zu ernst. Lachen Sie auch einmal über sich und Ihre Ängste, und bedenken Sie, daß Humor ein gutes Mittel ist, uns aus düsteren Gedanken zu befreien. Bedenken Sie auch immer wieder einmal, wie absurd es ist, sich bereits in der Mitte des Lebens alt zu fühlen, und heben Sie sich noch ein paar Ängste für die Zeit jenseits der 80 auf.

Die Midlife-crisis – die Leere in der Lebensmitte

Abgesehen von der sich allgemein verbreitenden Angst vor dem Älterwerden haben wir es bei der Midlife-crisis mit der ersten konkreten Krise der Lebensmitte zu tun, und zwar mit der Krise des Mannes.

Zur Midlife-crisis kommt es normalerweise zwischen dem 40. und dem 50. Lebensjahr. Dies ist die Phase, in der der Mann, der voll im Beruf steht, auf sein Leben zurückblickt, sein bisheriges Leben kritisch überdenkt und sowohl am Sinn des bisherigen wie auch des gegenwärtigen Lebens zu zweifeln beginnt.

Die Midlife-crisis ist somit die Krise des Übergangs vom verbrachten zum noch verbleibenden Leben. Das Gefühl, das die Midlife-crisis meistens prägt, ist das Gefühl hoffnungsloser Leere.

Dabei sind es nicht unbedingt nur die 40- bis 50jährigen ausgelaugten Manager, die durch ihre allzu hektische Geschäftigkeit den Bogen überspannt haben und nun völlig ausgebrannt sind. Die Midlife-crisis überfällt auch Männer, die nicht in Führungspositionen sind, die eigentlich auch noch genug Energie hätten, die aber dennoch aus irgendwelchen Gründen die Lust an ihrer Arbeit verloren haben.

Meist sind es entweder diese Lustlosigkeit am Job oder der Rückblick auf das bisherige Leben, die die Krise auslösen, wobei die Midlife-crisis sich durch akute Auslöser sehr schnell oder aber auch schleichend einstellen kann.

Der Mann, den die Midlife-crisis befällt, verliert oft nicht nur das Interesse an seinem Beruf, sondern er wendet sich innerlich auch von seiner Partnerin, seiner Familie und anderen Menschen ab. So führt die Krise in eine zunehmend passive Lebenshaltung, die letztlich die Folge einer zu großen Anpassung im bisherigen Leben ist.

Die Zeit der Torschlußpanik

Nicht zuletzt ist die Midlife-crisis ja auch eine Alterskrise, und in diesem Zusammenhang beobachten wir oft das Phänomen der „Torschlußpanik“. Der betroffene Mann bekommt Angst vor dem Älterwerden. Der Blick in den Spiegel wird immer beunruhigender. Die Haare fallen vielleicht zunehmend aus, und der Bauchansatz wird immer deutlicher.

Da breitet sich auf der einen Seite der Zweifel am bisherigen Leben aus. Der betroffene Mann muß nun erkennen, daß er sich über all die Jahre zu sehr auf den beruflichen und materiellen Erfolg konzentriert hat, daß er jetzt zwar „alles erreicht" zu haben scheint, daß er aber dennoch nicht glücklich ist. Auf der anderen Seite finden wir bei der Midlife-crisis auch die Angst, vieles versäumt, zuwenig gelebt und zu wenige Träume realisiert zu haben.

Nun wird zuweilen auch der verzweifelte Versuch unternommen, das Versäumte nachzuholen. Vielleicht tritt der Verzweifelte in ein Fitneßstudio ein, vielleicht versucht er aber auch, sich Bestätigung zu holen, indem er sich auf sexuelle Abenteuer einläßt. Besonders jüngere Frauen scheinen ihm reizvoll, und nicht selten setzt der Mann in der Midlife-crisis seine Ehe und Familie aufs Spiel, weil ihn der Reiz des Abenteuers und des Neuen allzusehr gefangennimmt.

Die Gefahr der Midlife-crisis ist offensichtlich. Der Mann versucht, mit Gewalt wieder jung zu sein, kleidet sich neu ein, schafft sich eine junge Partnerin an, und vielleicht kompensiert er seine Ängste, indem er nun auch noch versucht, im Beruf mehr Leistung zu bringen, vielleicht einen höheren, verantwortungsvolleren Posten zu bekommen und noch mehr Einfluß und Macht zu erlangen.

Die Chance, die die Midlife-crisis enthält, wäre dadurch sicherlich verpaßt. Anstatt nach noch mehr äußerem Wohlstand zu streben, wäre es jetzt an der Zeit, sich um seinen „inneren Wohlstand" zu kümmern. Anstatt das Glück nur im Außen zu suchen und weiterhin äußeren Werten hinterherzulaufen, sollte der Mann in der Midlife-crisis versuchen, sich nach innen zu wenden.

Wenngleich die Bilanz des bisherigen Lebens düster ausfallen mag, so ist es doch nie zu spät, nach neuem Sinn im Leben zu suchen. Anstatt vor der Krise davonzulaufen, wäre es nun sinnvoller, sich mit den auftauchenden Emotionen zu beschäftigen und sich zu fragen, woher die Lustlosigkeit, woher die innere Leere rühren.

Anschließend wird es dann darum gehen, sich eine neue Perspektive zu schaffen und herauszufinden, wo die eigenen Bedürfnisse bisher unzureichend oder gar nicht befriedigt wurden und was zu verändern ist. Gerade in der Midlife-crisis bietet sich übrigens eine gute Chance an, sich aus dem Streß-Teufelskreis zu befreien. Die Midlife-crisis ist ja die Zeit, in der der äußere Erfolg keine Befriedigung mehr bringt, weshalb es eigentlich unsinnig ist, sich im Beruf weiterhin stressen zu lassen. Doch gleichzeitig ist dies auch die Zeit, in der das Bewußtsein für das Wesentliche erwacht und oft ein Ruf der Seele hörbar wird, der den Betroffenen dazu auffordert, sein inneres Potential zu entfalten, um auf diese Weise in eine neue, kreative Lebensphase überzutreten.

Wenn Sie persönlich unter den Auswirkungen einer Midlife-crisis leiden, sollten Sie sich mit den Krisenlösungs-Strategien beschäftigen, die wir in späteren Kapiteln besprechen werden. Doch zunächst wollen wir Ihnen an dieser Stelle schon einige grundlegende Ratschläge geben.

Wie Sie die Midlife-crisis besser überwinden können: Wenn Sie Ihr bisheriges Leben betrachten und Bilanz ziehen, so urteilen Sie nicht zu negativ. Sehen Sie auch auf die Erfolge und die positiven Erfahrungen, die Ihnen durch Ihre Arbeit ermöglicht wurden.

Bedenken Sie, daß es oftmals nötig ist, sich in seinem Leben zunächst äußeren Dingen wie der Karriere zuzuwenden, um eine höhere Stufe der Entwicklung zu erreichen.

Laufen Sie nicht vor Ihren Gefühlen davon. Betrachten Sie Ihre Gefühle der inneren Leere, der Unsicherheit usw. wie ein interessierter Zuschauer, und stehen Sie zu diesen Gefühlen.

Überlegen Sie sich, inwiefern es jetzt möglich ist, Streß abzubauen, sich mehr zu entspannen und die Arbeit nicht mehr als das Wichtigste in Ihrem Leben zu sehen.

Öffnen Sie sich für die Welt. Genießen Sie sie mit all Ihren Sinnen. Sehen, riechen, schmecken und spüren Sie bewußt, daß Sie durchaus noch sehr lebendig sind.

Vermeiden Sie Ersatzbefriedigungen. Natürlich können Sie neue Kleider oder ein neues Auto kaufen, und natürlich kann es auch sein, daß Sie sich in eine jüngere Frau verlieben. Achten Sie jedoch sehr genau darauf, ob es Ihnen hier wirklich um wesentliche Bedürfnisse geht, oder ob Sie nur oberflächlich versuchen, die innere Leere mit äußeren Mitteln auszufüllen.

Überlegen Sie sich, wodurch die Krise ausgelöst wurde. Was haben Sie bisher „falsch“ gemacht? In welcher Richtung können Sie sich jetzt entwickeln, was können Sie besser machen als früher, welche Träume möchten Sie jetzt verwirklichen, und welche Möglichkeiten sehen Sie, diese in die Tat umzusetzen?

Werden Sie achtsamer. Anstatt in einen Ablehnungsmechanismus zu verfallen, sollten Sie gerade jetzt versuchen, sich Ihrer Partnerin, Ihrer Familie und Ihren Interessen zuzuwenden und einen frischen Wind in Ihr Leben zu bringen.

Die Wechseljahre – wenn die Hormone verrückt spielen

Die Wechseljahre gelten als die typische Lebenskrise der erwachsenen Frau, und im Gegensatz zu der Midlife-crisis des Mannes sind hier vor allem natürliche, biologische Abläufe für die Auslösung dieser Krise verantwortlich zu machen.

Der Begriff Wechseljahre bezieht sich auf den Zeitraum, in dem die Tätigkeit der Keimdrüsen erlischt, was meist zwischen dem 45. und 55. Lebensjahr der Frau der Fall ist. Die Veränderungen, die die Frau in dieser Zeit erlebt, sind auf eine zunehmende Verringerung der Eierstockhormone zurückzuführen. Die Bildung von Östrogen und Progesteron läßt nach, was zunächst zu unregelmäßigen Regelblutungen führt und schließlich das vollständige Ausbleiben der Regel zur Folge hat.

Haben die Eierstöcke bis zum Eintritt der Wechseljahre monatlich stets eine bestimmte Menge Östrogen produziert, endet jetzt die Östrogenproduktion und damit auch der Östrogengehalt im Körper. Während dieser hormonalen Umstellung kann es zu zahlreichen Symptomen und Beschwerden kommen.

Das klassische Wechseljahrs- beziehungsweise Klimakteriumssymptom sind Hitzewallungen, die meist schubweise auftreten und von Schweißausbrüchen begleitet werden können. Die Häufigkeit dieser Hitzewallungen ist natürlich auch von der psychischen Verfassung abhängig und wird vor allem durch Nervosität und Ängste verstärkt.

Überhaupt sind es nicht nur rein körperliche Probleme, mit denen es die Frau in den Wechseljahren zu tun hat, sondern vor allem auch psychonervöse Störungen, und diese lösen auch die Krise aus, in die die Wechseljahre viele Frauen stürzt.

Die häufigsten körperlichen Beschwerden hängen vor allem mit der Rückbildung der Brustdrüsen, der erhöhten Anfälligkeit für Knochenschwund (Osteoporose), einer Verringerung der Scheidensekretion, die wiederum zu Trockenheit, Wundsein und Schmerzen beim Geschlechtsverkehr führt, Blutdruckschwankungen und einer allgemeinen Gewichtszunahme zusammen.

Nehmen die körperlichen Beschwerden überhand, sollte die betroffene Frau natürlich immer die Frauenärztin beziehungsweise den Frauenarzt aufsuchen, um die Probleme gemeinsam mit ihr/ihm zu lösen.

Die meisten Frauen leiden aber weniger an den körperlichen als vielmehr an den psychischen Veränderungen, die während der Wechseljahre auftreten können. Hier wird vor allem über eine erhöhte Reizbarkeit, über allgemeine Lustlosigkeit und Leistungsabfall, aber auch über depressive Verstimmungen bis hin zu schweren, behandlungsbedürftigen Depressionen geklagt.

Der Verlust der Empfängnisfähigkeit erzeugt in der Frau nicht selten das Gefühl, keine „richtige Frau" mehr zu sein. Hinzu kommen Ängste vor dem Älterwerden und die Angst, an Attraktivität zu verlieren. Immer größer wird die Sorge um das eigene Aussehen, immer häufiger ist der Blick in den Spiegel, und immer öfter stellt die Frau sich denn auch die bange Frage, ob sie ihrem Mann oder den Männern im allgemeinen wohl noch gefallen mag.

In der Krise der Wechseljahre hat die Frau oft das Gefühl, durch das Ende der Gebärfähigkeit und durch den Verlust an Attraktivität an „Marktwert“ zu verlieren, und natürlich wird diesem Gefühl bei uns von außen auch nicht gerade entgegengewirkt. Schließlich ist das weibliche Schönheitsideal gerade in unserer Gesellschaft stark an Jugend und äußere, möglichst faltenlose und orangenhautfreie Schönheit gebunden. So wird die Diskrepanz zwischen dem herrschenden Schönheitsideal und dem eigenen Spiegelbild für viele Frauen immer bedrohlicher.

Doch weder ist das Ende der Gebärfähigkeit das Ende der Attraktivität, noch ist es das Ende der Weiblichkeit. Im Gegenteil ist beispielsweise die Sexualität der Frau durch das Älterwerden in biologischer Sicht weitaus weniger beeinträchtigt als die des Mannes. Ältere Frauen sind zudem meist sehr viel sinnlicher und erlebnisfähiger als jüngere.

Nur die Frau, die rechtzeitig erkennt, daß sie viel mehr als nur ihr Spiegelbild ist und daß ihr Wert beileibe nicht nur von ihrer Jugend oder ihrer äußeren, ohnehin vor allem von der Werbung definierten Schönheit abhängt, kann die Wechseljahre auch wirklich als Zeit des Wechsels und des Wandels erfahren, die zu einer Stufe höherer Reife und tieferer Erkenntnis führt.

Wenn die Wechseljahre für Sie zu einer Lebenskrise geworden sind, sollten Sie sich mit den Lösungsstrategien beschäftigen, die wir noch besprechen werden. Darüber hinaus gibt es aber noch einige weitere Möglichkeiten, die Krise der Wechseljahre zu entschärfen.

Was Sie gegen die Krise der Wechseljahre tun können: Suchen Sie bei körperlichen Beschwerden, die Folge der Wechseljahre sind, einen Arzt auf. Möglicherweise wird es sinnvoll sein, Medikamente einzunehmen, doch bedenken Sie, daß Sie auch mit sanften Mitteln wie Entspannungstechniken, homöopathischen Mitteln usw. dazu beitragen können, Ihren Körper wieder zu harmonisieren.

Ihre Attraktivität und Ihre weibliche Schönheit hängen vor allem von Ihrer Ausstrahlung ab. Natürlich ist es nicht möglich, ein Leben lang eine „Bilderbuchschönheit" beizubehalten, doch andererseits ist solche oberflächliche Schönheit auf den ersten Blick zwar reizvoll, bei näherer Betrachtung jedoch schnell langweilig und unattraktiv. Hingegen ist eine von Selbstsicherheit und positiver, lebensfroher Ausstrahlung geprägte Schönheit sehr viel interessanter und außerdem unvergänglich.

Machen Sie sich bewußt, daß Sie es während der Wechseljahre mit einem Wechselbad der Gefühle zu tun haben. Akzeptieren Sie Ihre Angst, Ihre Traurigkeit, die Verzweiflung und die anderen negativen Gefühle. Diese Emotionen sind ebenso unvermeidbar wie einige körperliche Symptome. Doch erstens nützt es nichts, gegen die Gefühle anzukämpfen, und es ist sehr viel besser, zu ihnen zu stehen und sie auszudrücken, und zweitens können gerade starke negative Emotionen den Durchbruch zur Entspannung, zum Wandel und zu den neuen Möglichkeiten, die sich jetzt bieten, ermöglichen.

Machen Sie sich bewußt, daß die Zeit nach der Menopause zu einem neuen Lebensabschnitt der Freude und des Genießens werden sollte. Jetzt, da die familiären und beruflichen Verpflichtungen nachlassen, bietet sich die Chance, sich mehr um sich selbst zu kümmern und aus der alltäglichen Routine auszubrechen.

Das Ende der Empfängnisfähigkeit bedeutet, wie gesagt, nicht das Ende der Sexualität. Es ist vollkommen natürlich, wenn Frauen jenseits der 40 oder 50 sexuelles Verlangen verspüren, und im Gegensatz zu Männern können Frauen viel häufiger bis ins hohe Alter sexuell aktiv bleiben. Stehen Sie daher zu Ihren sexuellen Bedürfnissen.

Die Wechseljahre können unter anderem zur Belastung für die Partnerschaft oder andere Beziehungen werden. Sprechen Sie deshalb mit Ihrem Partner, teilen Sie ihm mit, wie Sie sich fühlen und was Sie empfinden. Sprechen Sie andererseits auch mit gleichaltrigen Freundinnen, die wahrscheinlich auch an den Auswirkungen der Wechseljahre leiden, und tauschen Sie sich mit „Leidensgefährtinnen" aus.

Machen Sie sich bewußt, daß das Ende der Empfängnisfähigkeit noch lange nicht das Ende des Lebens ist. Gerade jetzt sollten Sie damit beginnen, Ihre Bedürfnisse und Träume zu erkunden und sich überlegen, welchen Interessen Sie von nun an mehr Raum geben möchten.

Wenn die Kinder aus dem Haus gehen

Trotz aller Fortschritte auf dem Gebiet der Emanzipation bestimmt das traditionelle Rollenbild immer noch das Leben der meisten Frauen. Während der Mann neben seinem Beruf noch eine Familie hat, hat die Frau neben ihrer Familie vielleicht noch einen Beruf.

Immer noch sind die Heirat, das Kinderkriegen, eventuell nebenbei noch das Ergreifen oder Weiterführen des Berufes und später einmal das Weggehen der Kinder entscheidende Stationen im Leben vieler Frauen.

Oft trifft der Eintritt der Wechseljahre in etwa mit dem Weggehen der Kinder zusammen, so daß es neben den biologisch bedingten Veränderungen der Wechseljahre auch noch zu besonders starken psychischen Belastungen kommen kann.

In dieser Zeit, in der die Kinder ihren eigenen Wege gehen müssen, wird sich die Frau oft zum ersten Mal richtig bewußt, daß sie ihr ganzes bisheriges Leben für andere geopfert, daß sie alles für ihre Kinder und ihren Partner getan, ein Heim aufgebaut und versucht hat, nicht mehr und nicht weniger als eine gute Mutter und Ehefrau zu sein.

Und nun taucht plötzlich das bittere Gefühl auf, nicht mehr gebraucht zu werden. Gerade die Doppelbelastung durch die Loslösung der Kinder und die Wechseljahre kann zu schweren Krisen führen, in denen das Gefühl der Sinnlosigkeit sich immer stärker aufdrängt und sich in Form von Müdigkeit,

Lustlosigkeit, Ängsten, Antriebslosigkeit, aber auch in Form von körperlichen Symptomen bemerkbar macht.

Auch die Partnerschaft verändert sich, wenn die Kinder gehen. Immer leichter kommt es zu Streitereien und Krisen in der Zweierbeziehung.

Plötzlich müssen die Partner alleine miteinander auskommen. Während die vermittelnde, sinngebende Funktion der Kinder endet, tauchen immer häufiger verdrängte Bedürfnisse auf. Obwohl es auch für Väter sehr belastend sein kann, wenn die Kinder ausziehen, wird vor allem die Frau nun leicht das Gefühl entwickeln, das eigene Leben versäumt zu haben.

Mag die Mutterrolle ihr einerseits eine gewisse gesellschaftliche Macht gegeben haben, so sind die berufliche Entwicklung und die eigene Unabhängigkeit oft zu kurz gekommen. Die starke Identifikation mit der Familie, das Bewußtsein des „Wir", das größer war als das Bewußtsein des „Ich", hat es verhindert, daß die Frau gelernt hat, die Verantwortung für das eigene Leben und die eigenen Bedürfnisse zu übernehmen.

Was Sie tun können, wenn die Kinder aus dem Haus gehen:
Geben Sie Ihren Kindern nie die Schuld daran, daß sie sich von Ihnen trennen und ihr eigenes Leben leben wollen. Denken Sie daran, daß hier eine ganz natürliche Entwicklung stattfindet, die für das Glück Ihrer Kinder entscheidend ist.

Tun Sie alles, um Ihren Kindern die Loslösung zu erleichtern. Loslösung bedeutet aber nicht Gleichgültigkeit. Nehmen Sie weiterhin Anteil am Leben Ihrer Kinder, und bedenken Sie, daß das „Elternsein" nicht mit dem Ausziehen der Kinder endet.

Vermeiden Sie es, Ihren Partner für das Gefühl der inneren Leere, das Sie jetzt haben mögen, verantwortlich zu machen. Er leidet wahrscheinlich ebenso wie Sie an dem scheinbaren Verlust der Kinder. Sprechen Sie mit Ihrem Partner, aber auch mit Ihren Kindern über Ihre Gefühle, bekennen Sie sich zu Ihrer Traurigkeit, aber suchen Sie gleichzeitig nach Möglichkeiten, die innere Leere auszufüllen.

Sehen Sie immer auch auf die positiven Seiten der Krise. Durch die Loslösung Ihrer Kinder werden Sie in der „Nachkinderphase" sehr viel weniger mit familiären Pflichten konfrontiert sein. Nützen Sie die Zeit, die Sie jetzt haben, um sich zu verwöhnen, aktiv zu werden, kreativen Tätigkeiten nachzugehen, Freunde zu treffen und auch wieder mehr mit Ihrem Partner zu unternehmen.

Gehen Sie liebevoll mit sich um. Ebenso, wie Sie Ihr bisheriges Leben für Ihre Kinder geopfert haben mögen, wie Sie versucht haben mögen, Ihnen alle Wünsche zu erfüllen und Ihnen in allen schwierigen Situationen beizustehen, sollten Sie sich jetzt verstärkt sich selbst zuwenden, sich Ihre Wünsche erfüllen und sich selbst mehr zum Mittelpunkt Ihres Lebens machen.

Die Alterskrise

Im Gegensatz zu der bereits beschriebenen „Panik vor dem Älterwerden", die ja, wie gesagt, schon recht junge Leute befällt, gibt es natürlich auch wirkliche Alterskrisen, unter denen ältere Menschen sehr leiden können.

Als Auslöser für eine Alterskrise kommt oft die Pensionierung, der bevorstehende Ruhestand, in Frage. In dieser Lebensphase drängt sich zuweilen die bange Gewißheit auf, daß man mit der Entlassung aus dem Arbeitsleben seine Daseinsberechtigung verloren hat, da man „nichts mehr leistet" und jetzt nicht mehr gebraucht wird.

Vielleicht hat die jahrelange Identifikation mit dem Beruf es verhindert, daß man sich für andere Gebiete geöffnet hat. Um nicht in das Gefühl der Sinnlosigkeit zu verfallen, sollte man sich schon vor seiner Pensionierung überlegen, welchen Beschäftigungen man nachgehen möchte, sobald man endlich die Zeit dazu hat.

Vielleicht haben Sie Lust zu reisen, vielleicht möchten Sie sogar den Wohnort wechseln und wärmere Gefilde aufsuchen. Vielleicht möchten Sie aber einfach nur damit beginnen, eine Sprache zu lernen, sich mit Kunst, Literatur oder mit

Ihren Hobbys zu beschäftigen und sich auf Gebieten weiterentwickeln, die bisher vernachlässigt wurden.

Obwohl Pensionierte oft wehmütig auf die Zeit zurückblicken, in der sie noch im Arbeitsleben standen, wird die Vergangenheit dabei doch meistens auch ein wenig beschönigt. Vielleicht war die Arbeit ja gar nicht so rosig, wie sie jetzt erscheint, vielleicht waren viele eintönige Momente darin enthalten, und vielleicht war auch das Arbeitsklima weniger angenehm und der Druck und Streß weitaus größer, als man es jetzt wahrhaben will.

Nichtsdestotrotz verunsichert es viele Menschen sehr, wenn sie anfangen, sich alt zu fühlen. Abgesehen von den Ängsten, die mit dem verbreiteten Jugend- und Schönheitswahn zusammenhängen, gibt es ja immerhin auch ganz konkrete Alterserscheinungen, die durchaus zu einer Krise führen können. So wird der alte Mensch insbesondere unter einer deutlich spürbaren Abnahme der körperlichen Spannkraft und der Leistungsfähigkeit leiden.

Mit fortschreitendem Alter mag es unter Umständen sogar zur Pflegebedürftigkeit kommen, wodurch die Selbständigkeit, aber auch die Bewegungsfreiheit immer mehr verlorengehen. Dazu kommt, daß auch die geistigen Funktionen wie beispielsweise das Gedächtnis manchmal nicht mehr so reibungslos funktionieren, wie das in jungen Jahren der Fall ist oder zumindest sein sollte.

Gerade in hohem Alter lassen im Menschen die Triebe nach, aber auch die Leidenschaft verschwindet mitunter nahezu völlig, die Aufnahmefähigkeit und das sinnliche Erleben verringern sich. Damit zusammenhängend wird der Kampfgeist zunehmend geschwächt, die Lust etwas zu bewegen und zu verändern versiegt, und in dieser Krise kommt es nicht selten zu Interesselosigkeit und Apathie, so daß der alte Mensch wie gelähmt erscheinen mag.

Es muß wohl kaum erwähnt werden, daß dies natürlich beileibe nicht immer der Fall ist, denn dank der Fortschritte der Medizin können heute viele auch sehr alte Menschen noch aktiv sein und ihr eigenes Leben bewußt gestalten. Außerdem kennen wir natürlich viele Beispiele für Menschen, etwa Komponisten, Schriftsteller, Wissenschaftler usw., die gerade im hohen Alter ihre kreativste Phase erleben.

Dennoch bleibt es nicht aus, daß in dem alten Menschen das Bewußtsein für die Vergänglichkeit des Lebens erwacht und daß ihm die Werte, für die er ein Leben lang gekämpft hat, fragwürdig erscheinen mögen.

Doch andererseits ist dieser Lebensabschnitt der Loslösung oft auch mit der Erkenntnis des Wesentlichen verbunden. Die Welt erscheint nicht mehr so wichtig, die Höhen und Tiefen sind durchlebt, die Lebenserfahrung hat zu mehr Gelassenheit geführt, und so liegt die Chance der Alterskrise in der Loslösung vom Kampf und im Erreichen einer inneren Ruhe, die der junge Mensch kaum erfahren können wird.

Tatsächlich entdecken wir denn auch oft gerade im Alter die Qualität des „In-sich-Ruhens“, in der der alte Mensch eine heitere, ja nahezu erhabene Ruhe ausstrahlt. Dieser Zustand ist oft auch von tiefer Dankbarkeit für das Geschenk geprägt, als das jeder weitere Tag erscheint.

Doch damit dieser Zustand erreicht werden kann, sind oft viele Ängste, sind Unsicherheit, Traurigkeit, Unzufriedenheit und ähnliche negative Seiten der Alterskrise zu überwinden. Dabei kann es hilfreich sein, die allgemeinen Lösungsstrategien zu beachten, auf die wir später noch zu sprechen kommen werden.

Darüber hinaus kann man aber auch dazu beitragen, daß sich Alterskrisen nicht so leicht einstellen, beziehungsweise leichter überwunden werden, wenn man die folgenden Tips beachtet.

Was Sie gegen Alterskrisen tun können: Konzentrieren Sie sich vor allem auf die Chancen, die im Alter verborgen sind. Im Alter haben Sie wesentlich mehr Zeit, Ihren Interessen nachzugehen und sich mit den Dingen zu beschäftigen, auf die Sie wirklich Lust haben.

Bleiben Sie aktiv. Setzen Sie sich immer wieder kleine Ziele. Bewegen Sie sich, machen Sie wenn möglich ausgedehnte Spaziergänge, oder treiben Sie ein wenig Sport. Bleiben Sie auch geistig aktiv, indem Sie lesen, sich auf dem laufenden halten und sich auch neuen Ideen öffnen.

Kapseln Sie sich nicht ab. Wenn Sie Ihre Beziehungen und Freundschaften auf Kosten der Arbeit vernachlässigt haben, so können Sie jetzt immer noch auf Menschen zugehen, sich Gruppen anschließen und neue Freunde gewinnen.

Machen Sie sich bewußt, daß niemand ewig lebt. Die Vergänglichkeit des Daseins ist unumstößliches Gesetz. Akzeptieren Sie Ihre Ängste vor dem Altwerden, doch bedenken Sie auch, daß Sie Ihre Lebensqualität und -intensität erheblich vergrößern können, wenn Sie sich bewußt machen, daß jeder Tag ein Geschenk ist und daß man an jedem Tag zahlreiche Anlässe für Freude und Zufriedenheit finden kann.

Treffen Sie sich auch mit jüngeren Menschen. Behalten Sie den Kontakt zu Kindern, Enkeln usw. Besuchen Sie beispielsweise Volkshochschulkurse, in denen Sie auch auf jüngere Menschen treffen. Während Sie den Jüngeren durch Ihre Lebenserfahrung und Ihre klarere Sichtweise in vielen Situationen beratend zur Seite stehen können, wird der Kontakt zur jüngeren Generation dafür sorgen, daß Ihre Wandlungsfähigkeit erhalten bleibt.

Beneiden Sie die jüngeren Menschen nicht. Glück hat nichts mit Alter zu tun, und viele auch sehr junge Menschen schauen gerade heutzutage voller Angst und Ungewißheit in die Zukunft und können sich ihrer Jugend somit gar nicht erfreuen.

Leben Sie im Hier und Jetzt. Gerade im Alter wird man etwas anfällig, seine ganze Konzentration auf die Vergangenheit zu richten. Dadurch erscheint die Gegenwart immer reizloser, und auf diese Weise wendet man sich innerlich bereits vom Leben ab, das ja ständig in Bewegung bleibt. Natürlich spricht nichts dagegen, sich schöner Momente aus seiner Vergangenheit zu erinnern, doch hat auch das Heute und das

Morgen noch viele schöne Augenblicke zu bieten, wenn wir unser Augenmerk darauf richten.

Partner- und Ehekrisen

Nachdem wir uns bisher ausschließlich mit den wichtigsten Entwicklungskrisen beschäftigt haben, mit jenen Krisen also, die im Laufe eines Menschenlebens mehr oder minder unvermeidbar sind, wollen wir uns jetzt äußerlich bedingten Krisen zuwenden.

Die auslösenden Faktoren für solche Krisen finden wir in Ereignissen, die einen Verlust für uns bedeuten, die scheinbar zufällig über uns hereinbrechen und gewissermaßen als unser Schicksal erscheinen – wobei man mit Begriffen wie „Zufall" und „Schicksal" vorsichtig umgehen sollte, da hier leicht der falsche Eindruck entsteht, daß wir selbst nicht das geringste damit zu tun hätten, daß es nun gerade zu dieser Krise gekommen ist, in der wir uns wiederfinden.

Ein reiches Feld für krisenauslösende Momente finden wir im Bereich unserer Beziehungen – vor allem aber in der Zweierbeziehung mit unserem Partner, gleichgültig ob es sich dabei nun um eine eheliche oder nichteheliche Gemeinschaft handelt.

Nirgends sonst werden wir so direkt mit dem „Du" konfrontiert, wie in der Partnerschaft. Da wir es in jeder Beziehung immer auch mit Ansichten, Meinungen, Weltanschauungen, Erfahrungen, Erwartungen, Träumen usw. zu tun haben, die von den unseren verschieden sind, werden Probleme in keiner Partnerschaft ausbleiben.

Tatsächlich kommt es in jeder Phase einer Beziehung oder Ehe auch immer wieder zu ganz typischen und „normalen" Krisen, und das ist auch gut so, da die Lebendigkeit einer Beziehung davon abhängig ist, daß solche Krisen immer wieder thematisiert und überwunden werden.

Werden Probleme, die beispielsweise mit Eifersucht, unterschiedlichen Erwartungen, Enttäuschungen usw. zusammenhängen, rechtzeitig erkannt und offen ausgetragen, können wir es wahrscheinlich vermeiden, daß unsere Beziehung in eine ernste Krise gerät; doch leider ist dies bei den meisten Paaren nicht der Fall. Und so stauen sich die immer zahlreicher werdenden Probleme unter der scheinbar harmonischen Oberfläche an, bis dann plötzlich die „große Krise" vor der Tür steht. Daß diese Krise dann oft auch das Ende der Beziehung beziehungsweise das Ende der Ehe bedeutet, sehen wir nicht zuletzt auch an den hohen Scheidungsraten.

Wenn wir nach Gründen für das Scheitern vieler Beziehungen suchen, so müssen wir uns zunächst klarmachen, daß wir es in jeder Beziehung, die wir eingehen, früher oder später mit einem entscheidenden Grundkonflikt zu tun haben werden. Dieser Konflikt hängt damit zusammen, daß wir uns zutiefst danach sehnen, Nähe und Sicherheit zu finden, daß wir uns aber ebenso wünschen, frei und unabhängig zu sein.

Diese entgegengesetzten Tendenzen können verständlicherweise zu einigem Chaos führen. Obwohl wir uns im Grunde danach sehnen, in unserer Beziehung das zu finden, was wir vielleicht schon als Kinder entbehren mußten, nämlich Wärme, Zuneigung und Nähe, sehnen wir uns in anderen Phasen unserer Partnerschaft vielmehr danach, nicht erdrückt zu werden, frei zu sein und uns für andere Menschen öffnen zu können. Damit nicht genug – kommt noch hinzu, daß es unserem Partner genauso ergeht, daß er aber möglicherweise gerade dann nach Nähe verlangt, wenn wir unsere Sehnsucht nach Freiheit ausleben möchten oder umgekehrt.

Mit etwas Vorstellungsvermögen können wir hier schnell sehen, wie zahlreich die Konflikte sein können, die durch diese einander entgegengesetzten Antriebe verursacht werden und die wiederum zu ausgewachsenen Krisen führen können, wenn wir nicht lernen, mit diesen Konflikten umzugehen.

Der Grund dafür, daß die Zweierbeziehung (und übrigens auch die Beziehung zu Freunden, Eltern, Kindern usw.) unheimlich kompliziert und problematisch werden kann, liegt aber nicht nur in den unterschiedlichen Anschauungen, Erwartungen, Wünschen und dem Konflikt zwischen Nähe und Distanz. Es kommt nämlich noch hinzu, daß Beziehungen ebenso wie Menschen sehr lebendig sind. Das bedeutet, daß wir es hier nicht mit statischen Zuständen, die noch einigermaßen überschaubar wären, sondern mit ständiger Bewegung und Entwicklung zu tun haben, wodurch das Ganze freilich noch schwieriger wird.

Am Anfang einer Zweierbeziehung sind die Dinge meist noch recht unproblematisch. Dafür sorgen die Verliebtheit, die Romantik und nicht zuletzt auch die Hormone.

Wenn das Paar zusammenfindet ist alles sehr leicht. Während die Verliebtheit uns ja bekanntlich blind macht, genießen wir eine Zeit der Harmonie. Es ist fast, als hätten wir eine Glücksdroge eingenommen. Wir errichten uns mit unserem Partner eine Traumwelt, schweben auf Wolken, und dank der Verzerrung, die unser Blick durch die rosarote Brille erfährt, leben wir in dem Gefühl der Verschmelzung und harmonischen Einheit. Dieses Gefühl des Eins-Seins weist eine gewisse Ähnlichkeit mit dem Zustand vor der Geburt oder den ersten Lebensjahren auf, wo wir noch ganz und gar mit unserer Mutter verschmolzen waren.

Doch ebenso wie damals ist auch jetzt das Ende dieses Zustands abzusehen, denn nach der ersten verliebten, erotischen Phase wartet schon der Alltag mit seinen Problemen auf uns.

Damit die Beziehung nicht bereits mit dem Ende der Verliebtheit in die Brüche geht, muß die erste Krise überwunden werden, nämlich die Krise der Ernüchterung. Hier ist es notwendig, einen bewußten Schritt zu tun. Während wir uns unseres Wunsches, in der Zweierbeziehung konstante Wärme, Liebe und ungetrübtes Angenommensein zu erfahren, gewahr sind, müssen wir allmählich doch auch damit beginnen, unsere Beziehung in den Alltag zu integrieren. Wir müssen also in die aktive, realistischere Phase der Beziehung eintreten. Jetzt gilt es, gemeinsame Ziele zu verfolgen, sich etwas aufzubauen, seine Interessen zu erkunden und ihnen dann auch nachzugehen.

Bei vielen Paaren wird dies die Zeit sein, in der ein Heim aufgebaut wird und in der vielleicht auch Kinder in die Welt gesetzt werden. Auch wird hier erstmals der obengenannte Konflikt zwischen Nähe und Distanz zum Tragen kommen. Schon durch unterschiedliche Arbeits- oder Studienbereiche werden immer wieder erste Trennungen nötig sein, und so bleibt der Wunsch nach Nähe aufgrund der alltäglichen Anforderungen oft unerfüllt.

Obwohl die Partner in dieser Phase der Beziehung lernen könnten, daß Loslassen zur Liebe gehört und daß räumliche Trennungen die innere Verbindung nicht im geringsten zu gefährden brauchen – ganz im Gegenteil sogar förderlich sind –, kommt es hier aufgrund unrealistischer Vorstellungen auch immer wieder zu ernsten Krisen, die die Beziehung gefährden.

Nicht wenige dieser Krisen gründen auch in einem Mangel an Verständnis für die Veränderungen, denen unsere Liebe im Laufe der Zeit unterworfen ist.

Die anfängliche Betonung auf romantische, aber auch auf sexuelle Aspekte, und nicht zuletzt auch der so oft ersehnte „Kick", den man sich von seinem Partner erwartet, beginnen zu verblassen. In dieser Phase der Beziehung sollte sich die Liebe verwandeln. Statt sexueller Anziehung sollte das Vertrauen, statt der Hitze die Wärme und statt der Leidenschaft die Achtung und das Verständnis für den anderen die Oberhand gewinnen. Findet diese Verwandlung aber aus irgendwelchen Gründen nicht statt, so haben wir es jetzt mit einer handfesten Partner- oder Ehekrise zu tun.

Ein weiterer Krisenfaktor in der Partnerschaft hängt mit der Rollenverteilung zusammen, die nach der Phase der Verliebtheit stattfindet. Ehe man sich's versieht, ist man in die Rolle der perfekten Mutter oder des Vaters, der die Familie abzusichern hat, geschlüpft.

Obwohl diese oder ähnliche Rollen eine gewisse Sicherheit zu geben vermögen, wird jeder einigermaßen bewußte und wache Mensch früher oder später dagegen rebellieren, da der

Mensch ein viel zu lebendiges Wesen ist, um sich auf Dauer mit einer relativ statischen Rolle abzufinden.

Hat das Paar den Schritt aus der Verliebtheitsphase in die Phase des gemeinsamen Aufbaus vollbracht, so läßt eine weitere Krise nicht lange auf sich warten. Es ist die Krise, die sich mit der Midlife-crisis oder den Wechseljahren vergleichen läßt, nur daß sie diesmal nicht den einzelnen als vielmehr das Paar betrifft.

Die Krise, von der hier die Rede ist, entsteht, wenn allzu klare Verhältnisse herrschen. Die Aufbauarbeit ist vollbracht, vieles ist erreicht worden, die Karriere ist gesichert und die Familie „stabilisiert“. Doch so positiv die äußeren Erfolge auch sein mögen, so negativ kann sich jetzt die innere Unzufriedenheit mit dem nur äußerlich Erreichten auswirken.

Vielleicht ist es das zu hohe Maß an Sicherheit, das die Langeweile erzeugt. Die Beziehung scheint an allem schuld zu sein. Vielleicht kommt das Gefühl hinzu, sein Leben im Grunde verpaßt und zu sehr für den anderen oder die Kinder gelebt zu haben.

Die Frustration über nicht gelebte Träume und Sehnsüchte mag bei einem Partner oder bei beiden dazu führen, daß die Suche nach dem Abenteuer beginnt, daß der Wunsch nach Ausbruch an Substanz gewinnt. Zu verlockend erscheint es da oftmals, sich einen neuen „Kick“ zu holen und beispielsweise einen Seitensprung zu wagen. Und allzu öde erscheint zugleich das alltägliche Nebeneinanderherleben.

Die Krise wird um so wahrscheinlicher, je reizloser die Beziehung, je stärker das Gefühl wird, daß alles sich wiederholt, und je deutlicher die Gewißheit wird, daß die düstere Wolke der Routine die ursprünglich so lebendige Beziehung inzwischen völlig überschattet hat.

Wie wir sehen können, ist die Zweierbeziehung zu jedem Zeitpunkt krisengefährdet. Vielleicht mag man glauben, daß vor allem junge Paare, denen es noch an Erfahrung, Geduld und Verständnis fehlt, besonders anfällig für Partnerschaftskrisen sind, doch dies ist durchaus nicht der Fall. Auch in sehr hohem Alter kann die Ehe noch zur Hölle werden, denn nicht immer ist es so, daß das von zahlreichen Stürmen geschüttelte Schiff am Ende friedlich in den Hafen einläuft.

Leider finden wir auch jenseits der 60 noch Paare, die kaum in den Genuß der Altersbeziehung kommen, in der doch eigentlich die Ruhe, die Besonnenheit, das gegenseitige Vertrauen und die Zufriedenheit über die gemeinsame Zeit vorherrschen sollten.

Statt dessen sind oft kleinliche Bösartigkeiten und Sticheleien an der Tagesordnung. Die schmerzliche Erkenntnis, daß man sich vielleicht an den falschen Partner gebunden hat, daß die Liebe längst dahingegangen ist und daß man, da es einem an Entscheidungskraft fehlte, jahrzehntelang in einer Beziehung steckengeblieben ist, die man längst hätte lösen sollen – diese Erkenntnis vergiftet die gegenseitige Beziehung und vermag selbst noch in höchstem Alter eine Partnerkrise auszulösen.

Was man bei Partner- oder Ehekrisen tun kann: Machen Sie sich bewußt, daß eine Partnerschaft niemals problemlos verlaufen wird. Ein gewisses Maß an Krisen ist für das Erhalten einer lebendigen Beziehung sogar notwendig, und Gewitter reinigen ja bekanntlich die Luft.

Versuchen Sie, sich Ihrer Sehnsucht nach Wärme, Nähe und Angenommensein auf der einen Seite und nach Freiheit und Unabhängigkeit auf der anderen bewußt zu werden. Überlegen Sie sich, welche der beiden Seiten Sie bisher vielleicht vernachlässigt haben, bedenken Sie dabei aber, daß auch Ihr Partner beide Seiten leben will.

Akzeptieren Sie negative Gefühle wie Unzufriedenheit, Eifersucht usw., und sprechen Sie vor allem mit Ihrem Partner über Ihre Gefühle, Ihre Wünsche und Träume. Sagen Sie, worüber Sie unzufrieden sind, was Sie gerne verändern würden, aber vermeiden Sie es dabei, sich in Streitereien zu verstricken.

Bedenken Sie, daß Ihre Beziehung verschiedene Phasen durchläuft. Man kann zum Beispiel nicht ewig verliebt bleiben, aber man kann natürlich ewig lieben, was etwas ganz anderes ist. Klammern Sie sich nicht an einem erreichten Zustand fest, sondern versuchen Sie, in jeder Phase der Beziehung wieder das Neue und Positive zu sehen.

Geben Sie Ihrem Partner nicht die Verantwortung für Ihr Unglück. Sie selbst haben Ihr Leben in der Hand. Sie können entscheiden, wie Sie handeln möchten. Notfalls können Sie die Beziehung auch lösen, wenn es Ihnen wirklich notwendig erscheint. Vor allem aber können Sie erheblich dazu beitragen, Ihre Partnerschaft zu verändern, mehr Abwechslung und Farbe hineinzubringen und die Routine zu durchbrechen.

Ohne Loslassen gibt es keine Liebe. Üben Sie sich darin, Ihren Partner immer wieder loszulassen. Erkennen Sie, daß er ein eigenständiger Mensch mit seinen eigenen Gefühlen und Gedanken ist. Pressen Sie ihn nicht in ein enges Schema, lassen aber auch Sie nicht zu, daß Sie allzu sehr eingeengt werden, indem Sie sich etwa darauf einlassen, die von Ihnen erwartete Rolle zu spielen.

Wenn der andere geht

Wir wissen ja inzwischen, daß jede Krise eine Gefahr wie auch eine Chance bedeuten kann. Wie jede andere Krise kann sich daher auch die Krise in der Partnerschaft auf zweierlei Weise lösen. Entweder wird die Chance zur Entwicklung erkannt und genutzt, oder die Beziehung zerbricht. Oft sind die Schwierigkeiten zu groß, die Differenzen zu gewichtig und das Vertrauen und die Zuneigung zu klein, um die Beziehung am Leben zu erhalten, und dann kommt es unvermeidlich zur Trennung.

Während es für einen Außenstehenden oft offensichtlich ist, daß eine Trennung die sinnvollste Lösung ist, stellt sich die Trennung für das betroffene Paar meist sehr schwierig dar; vor allem wenn es sich um eine lange andauernde Ehe oder Partnerschaft handelt.

Am allerschwierigsten ist die Situation der Trennung aber natürlich für den, der verlassen wird.

Haben Sie selbst die Entscheidung getroffen, daß Sie Ihre Beziehung lösen müssen, da Sie mit Ihrem Partner einfach nicht länger leben können oder möchten, so haben Sie die Fäden in der Hand, sind der Aktive und in gewisser Weise auch der „Mächtigere". Hat aber Ihr Partner diese Entscheidung getroffen, so sieht die Sache freilich ganz anders aus.

Besonders schwierig wird die Trennung für den Verlassenen verständlicherweise, wenn er noch an seinem Partner hängt, ihn womöglich noch liebt oder zu lieben glaubt. Auch wenn eine Dritte beziehungsweise ein Dritter beteiligt ist, der oder dem sich der Partner plötzlich zuwendet, und die Eifersucht mit ins Spiel kommt, wird die Trennungskrise besonders belastend sein.

Die Trennung von einem geliebten Menschen ist immer eine sehr traurige Situation, und natürlich ist es besonders schlimm, wenn ein geliebter Mensch, wie etwa unser Partner oder ein Freund, stirbt.

Während wir bei einer gewöhnlichen Trennung immer noch die Hoffnung hegen mögen, daß unser Partner vielleicht irgendwann zu uns zurückkehren wird, zerstört der Tod jegliche derartigen Hoffnungen.

Der Tod beraubt uns aber auch der Möglichkeit, unsere Fehler und unseren Mangel an Zuwendung wiedergutzumachen. Mögen wir schon bei einer Scheidung das Gefühl haben, daß wir vieles falsch gemacht haben und unsere Ehe vielleicht hätten retten können, so wird das Gefühl der Schuld gegenüber dem Verstorbenen oft zur erdrückenden Last.

Um sich von lebenslangen Schuldgefühlen zu befreien, aber auch um die Trauer um den verstorbenen Menschen überwinden zu können, ist es sehr ratsam, therapeutische Hilfe in Anspruch zu nehmen. Oft ist eine Therapie sogar die einzige Möglichkeit, zuletzt doch noch einen Sinn in dem, was geschehen ist, zu finden. Im Laufe der Trauerarbeit können wir dann vielleicht auch erkennen, inwiefern wir selbst Persönlichkeitsaspekte des Verstorbenen in unsere eigene Persönlichkeit integriert haben und inwiefern wir uns jetzt auch für Ideale und Ziele des Verstorbenen einsetzen können, so daß wir den Toten im übertragenen Sinne in uns weiterleben lassen können.

Obwohl die Trennung durch den Tod natürlich besonders dramatisch ist, kann doch auch jede andere ernsthaftere Trennung eine Krise in uns auslösen. Die Angst vor der Trennung ist in jedem Menschen verborgen, und wir haben ja bereits erwähnt, daß schon die erste Trennung von der Mutter in Form der Geburt Entsetzen im Neugeborenen auslöst.

So glücklich wir sind, den Zustand der Vereinigung und der Einheit erfahren zu können, so unglücklich werden wir, wenn wir aus dieser geliebten Verschmelzung herausgerissen werden. Oft tragen auch Erfahrungen aus der Kindheit, die mit dem Verlassenwerden durch die Eltern oder einen Elternteil zusammenhängen, dazu bei, daß wir auf spätere Trennungen so empfindlich reagieren.

Wenn der Partner geht, fallen wir in ein tiefes Loch. Plötzlich sind wir auf uns alleine gestellt, sind wir gezwungen, unser Leben selbst in die Hand zu nehmen und uns neu zu orientieren.

Die Stütze und Hilfe durch unseren Partner fallen weg. Wir stehen auf einmal ganz alleine da, können uns nicht mehr austauschen, den anderen nicht mehr in die Arme schließen und nicht mehr neben ihm einschlafen.

In der Trauerphase werden die Bilder aus den glücklichen gemeinsamen Zeiten immer deutlicher und quälender. In jedem Gegenstand, den der Partner hinterlassen hat, lauert die Erinnerung, die uns die Tragweite des Verlustes bewußt macht.

Nicht immer blicken wir in dieser Phase der Trennung realistisch auf unsere Beziehung zurück. Meist vergessen wir bei diesem Rückblick, wie zahlreich auch die frustrierenden und leeren Momente mit unserem Partner gewesen sind. Wir erinnern uns dann auch selten an all die Streitereien, die alltägliche Langeweile, die Folge der Gewohnheit ist, und vor allem vergessen wir gerade dann, wenn wir die Verlassenen sind und uns als Opfer fühlen, daß wir vielleicht selbst schon erkannt haben mögen, daß wir gar nicht so gut zu unserem Partner passen, wie es uns jetzt aus unserer wehmütigen Perspektive erscheint.

Doch trotz der in der Trauerphase vorhandenen Neigung zu Selbstmitleid und Sentimentalität bleibt doch auch eine ganze Menge an echter Enttäuschung, an Schmerz, Trauer und Wut. Das Verdrängen dieser Gefühle vergrößert das Leiden nur und kann uns niemals über die Krise hinausführen. So gilt es, einerseits die Gefühle zuzulassen, die Ausdruck unserer Trauer sind. Andererseits sollten Situationen, die den Schmerz noch vergrößern, vermieden werden, was bedeutet, daß wir uns in dieser Phase nicht unbedingt damit beschäftigen sollten, traurige Musik zu hören, Fotos zu betrachten oder Orte aufzusuchen, die alte Erinnerungen allzu deutlich wachrufen.

Einsamkeit: Das Gefühl der Einsamkeit ist eng mit der Trennungskrise verbunden. Für die meisten Menschen ist das Alleinsein sehr schwer zu ertragen, und dies gilt natürlich vor allem dann, wenn wir gerade von unserem Partner verlassen wurden.

Dabei ist das Alleinsein an sich gar nichts Negatives. Schon als Kinder mußten wir vielleicht immer wieder Zeiten des Alleinseins durchleben, doch ob wir uns mit uns selbst wirklich wohl fühlen, hängt natürlich auch davon ab, inwiefern unsere Eltern uns dabei geholfen haben, mit diesem Alleinsein fertig zu werden.

Nun leben wir heute ja bekanntlich in einer Zeit, in der es mehr Singles gibt als je zuvor – ja in der das Alleinleben geradezu zum Trend geworden ist.

Viele Menschen haben inzwischen erkannt, daß das in unserer Kultur vorherrschende Ideal der lebenslangen Bindung in Form einer formal geschlossenen Ehe fragwürdig und daß es auch nicht unbedingt nötig ist, mit einem festen Partner zusammenzuleben.

Auch sind die Vorteile des Alleinseins für viele deutlicher geworden. Der Single ist meist wesentlich freier und unabhängiger, kann sich seiner Karriere widmen, hat mehr Ruhe für seine Interessen und muß sich vor niemandem rechtfertigen, wenn er tut, wozu er Lust hat. Trotz all dieser Vorteile wissen wir aber doch gleichzeitig auch, daß Singles immer auch in Gefahr sind, von Gefühlen der Leere und Einsamkeit überwältigt zu werden.

Dabei sind interessanterweise nicht nur die Menschen gefährdet, die wegen eines Schicksalsschlages alleine leben müssen, sondern auch diejenigen, die sich bewußt für das Alleinleben entschieden haben und gewissermaßen „Single aus Überzeugung" geworden sind.

Warum aber wird Alleinsein überhaupt zur Krise?

Zum einen liegt dies daran, daß der Mensch ein soziales Wesen war, ist und auch bleiben wird. Die Kommunikation, der Austausch mit einem „Du", ist für uns von wesentlicher Bedeutung. So kann jede Form der Isolation, die uns von den anderen trennt, auf Dauer psychische Störungen hervorrufen.

Das heißt nun natürlich nicht, daß wir einen festen Partner brauchen, um glücklich zu sein. Was wir allerdings schon brauchen, sind möglichst zahlreiche und intensive Kontakte zu anderen, mit denen wir uns austauschen können.

Leider verfügen wir in unserer modernen Zivilisation über einige Möglichkeiten, uns zu unterhalten, ohne damit auch nur im geringsten mit anderen Menschen in Kontakt zu kommen. Das Fernsehen ist eine dieser Möglichkeiten. Für die Unterhaltung, die es uns zu bieten hat, zahlen wir oft einen hohen Preis, denn Fernsehen isoliert den einzelnen und macht Kommunikation scheinbar überflüssig.

Ähnliches gilt für Computer. Natürlich mag man einwenden, daß man heute über das Internet ja weltweite Kontakte knüpfen kann, aber andererseits ist es natürlich etwas ganz anderes, über das Medium Computer zu kommunizieren, als sich mit einem Freund zu treffen und gemeinsam zum Essen zu gehen.

Das Alleinsein kann auch dann zum Problem werden, wenn „Singles aus Überzeugung" diese Lebensform im Grunde deshalb gewählt haben, weil sie aus Angst vor Enttäuschungen nicht mehr bereit sind, sich auf einen neuen Partner einzulassen. In diesem Fall wird das Alleinsein zum Abwehrmechanismus, der einen gewissen Schutz vor Verletzungen bietet. Hier kann es dann leicht geschehen, daß die Fähigkeit, sich auf einen anderen Menschen einzulassen, verkümmert.

Besonders wer lange alleine lebt verlernt mit der Zeit, Kontakte zu knüpfen und sich zu öffnen, was früher oder später zu seelischer Verhärtung führen wird. So kann es durchaus auch dann zur Einsamkeitskrise kommen, wenn wir uns scheinbar bewußt für das Alleinsein entschieden haben, um die positiven und erfüllenden Seiten dieser Lebensform kennenzulernen, in Wirklichkeit aber die Angst vor den Belastungen und Problemen, die jede Beziehung zum anderen mit sich bringt, uns dazu zwingt, alleine zu sein.

Auch bei Trennungskrisen und Einsamkeit sind die Strategien und Übungen, die wir später beschreiben werden, notwendig, um wieder zu seinem inneren Gleichgewicht zurückzufinden. Darüber hinaus können Sie auch einige spezielle Ratschläge befolgen, die Ihnen dabei helfen, diese schwierige Zeit besser zu meistern.

Was Sie bei Trennungskrisen und Einsamkeit tun können:
Blicken Sie nicht ausschließlich durch die rosarote Brille auf die Vergangenheit zurück. Sehen Sie auch auf die negativen Seiten und die Belastungen, die die Beziehung zu Ihrem Partner für Sie beinhaltet hat.

Machen Sie sich bewußt, daß Trennungen zum Leben gehören und unvermeidlich sind. Denken Sie an all die kurzen oder längeren Trennungen zurück, die Sie bisher erlebt und letztlich doch gut überstanden haben. Bedenken Sie auch, daß das Gefühl der Einheit und Verschmelzung, das Sie jetzt so schmerzlich vermissen, sich früher oder später wieder einstellen wird, wenn Sie gestärkt aus dieser belastenden Phase hervorgehen.

Indem Sie durch eine Trennung auf sich selbst zurückgeworfen werden, haben Sie mit einem Mal die Chance, sich selbst besser kennenzulernen. Alleinsein kann sehr kreativ genutzt werden und sehr befriedigend sein, wenn Sie lernen, es „mit sich auszuhalten", statt sich durch Ersatzbefriedigungen oder Drogenkonsum über Wasser zu halten – was den notwendigen Entwicklungsschritt zu mehr Freiheit und Stärke verhindern würde.

Beobachten und akzeptieren Sie alle Gefühle und Zustände, mit denen Sie es jetzt zu tun haben. Flüchten Sie weder vor der Angst noch vor der Langeweile, der Trauer, der Wut oder anderen Emotionen. Indem Sie sich Ihre Gefühle sehr genau bewußt machen, können Sie viel über sich lernen, was die Voraussetzung dafür ist, positive Veränderungen zu bewirken.

Machen Sie sich bewußt, daß das Alleinsein oft auch als eine wichtige Phase der Selbstverwirklichung genutzt werden muß, die nötig ist, um sich später anderen wieder bewußter zuwenden und eine erfüllendere Beziehung eingehen zu können.

Konzentrieren Sie sich niemals zu sehr auf einen einzelnen Menschen. Pflegen Sie den Kontakt zu Freunden, Bekannten, Ihrer Familie usw. Versuchen Sie gerade auch, wenn Sie in einer Einsamkeitskrise stecken, nach außen hin aufzumachen und auch an die früheren Freunde zu denken, die Sie vielleicht aufgrund einer alles vereinnahmenden Beziehung fast schon vergessen haben. Schließen Sie sich Gruppen an, akzeptieren Sie Einladungen, verschanzen Sie sich nicht in Ihren vier Wänden, und unternehmen Sie aktiv etwas, um neue Bekanntschaften zu schließen.

Nützen Sie Phasen des Alleinseins, um zu innerer Ruhe zu finden. Machen Sie Spaziergänge in der Natur, lesen Sie, hören Sie Musik, meditieren Sie, und versuchen Sie, die Ruhe und die Kraft zu entdecken, die im Alleinsein liegen kann. Wenn Sie einmal gelernt haben, in Frieden mit sich selbst alleine sein zu können, werden davon auch Ihre Beziehungen profitieren, da Sie mehr geben und weniger fordern werden.

Weitere Krisenauslöser

Natürlich gibt es außer den bisher genannten, relativ typischen Lebenskrisen auch noch viele andere Situationen, die uns in eine Krise stürzen können. Da es uns jedoch hauptsächlich darum ging, einen kurzen Blick auf die wichtigsten Krisenauslöser zu werfen, und es uns ferner noch darum gehen wird, Sie mit einigen wichtigen Krisenlösungs-Strategien vertraut zu machen, können wir uns jetzt nicht intensiver mit einzelnen krisenträchtigen Ereignissen beschäftigen.

Was die Übungen und Strategien aus den nun folgenden Kapiteln betrifft, so sind diese in jeder Krisensituation anwendbar, wobei Sie natürlich selbst entscheiden müssen, was Ihnen für die Lösung Ihrer momentanen Krise besonders bedeutsam und was Ihnen weniger wichtig erscheint.

Obwohl wir mit den Kinder- und Jugendkrisen, der Midlife-crisis, den Wechseljahren, Alters- und Partnerschaftskrisen sowie der Krise der Einsamkeit sicherlich die wichtigsten Krisen besprochen haben, gibt es natürlich noch einige Krisenauslöser, die relativ verbreitet sind.

Dazu gehören vor allem Erkrankungen und körperliche Leiden. Jede Krankheit beinhaltet ja immer auch eine Chance zur Wandlung und Reifung. Die Dringlichkeit zu dieser Wandlung wird sicher gerade bei schweren Erkrankungen sehr deutlich werden. Es gibt einige gute Bücher, die die Bedeutung der Krankheiten und die Symbolik der verschiedenen Krankheitsbilder zum Thema haben.

Sollten Sie in einer Krise stecken, die durch eine Erkrankung ausgelöst ist, so wird natürlich vor allem wichtig sein, einen Arzt zu finden, dem Sie vertrauen und von dessen Fähigkeiten Sie überzeugt sind. Weiterhin wird es nötig sein, daß Sie sich nicht ausschließlich auf Ihren Arzt verlassen. Auch Sie selbst sollten bewußt dazu beitragen, Ihre Harmonie wiederzufinden und damit die wichtigste Voraussetzung zur Heilung zu schaffen.

Nicht zuletzt sollten Sie sich aber auch mit der Bedeutung Ihrer Krankheit beschäftigen und sich überlegen, welche Veränderungen in Ihrem Leben nötig sind, um auch die psychischen Voraussetzungen für die Heilung des Körpers zu schaffen.

Ein Problem, mit dem es gerade in der jetzigen Zeit viele Menschen zu tun haben, ist die Arbeitslosigkeit, die natürlich ebenso wie auch schon die drohende Arbeitslosigkeit als Krisenauslöser in Frage kommt. Durch den plötzlichen Verlust des Arbeitsplatzes wird es vor allem die Angst vor finanziellen Problemen sein, die den Betroffenen stark belastet. Aber natürlich ist es nicht nur die finanzielle Seite der Arbeitslosigkeit, die den Betroffenen zu schaffen macht, sondern auch die Tatsache, daß man eine Betätigung aufgeben muß, in der man vielleicht Sinn gefunden hat, und daß man nun möglicherweise den Kontakt zu seinen Kollegen verliert.

Oft kommt beim Arbeitslosen auch noch das Gefühl der Minderwertigkeit hinzu. Der Verlust des Gehalts wird leicht mit einem allgemeinen Wertverlust gleichgesetzt, da man meint, nur soviel wert zu sein, wie die Arbeit, die man leistet.

Doch ebenso wie bei anderen Krisen steckt auch in der Arbeitslosigkeit eine Chance für unsere Entwicklung. Vielleicht haben wir jetzt erstmals die Zeit, uns zu überlegen, ob der Beruf, den wir hatten, uns wirklich ausgefüllt hat und ob es nicht Möglichkeiten gibt, kreativere und sinnvollere Beschäftigungen zu finden, die uns im Endeffekt glücklicher machen werden als die vermeintliche Sicherheit einer festen Anstellung.

Bei all diesen Betrachtungen dürfen wir natürlich niemals vergessen, daß Krisen immer große Herausforderungen sind und daß die Verzweiflung und die Angst zunächst oft so stark sind, daß alle Lösungsmöglichkeiten uns unerreichbar erscheinen. Wir wollen deshalb auch nicht behaupten, daß es einfach wäre, Krisen so mir nichts, dir nichts aufzulösen.

Doch daß etwas schwierig ist, heißt noch lange nicht, daß es unmöglich wäre. Tatsächlich gibt es einen Weg aus jeder Krise. Oft müssen wir aber zunächst Kräfte in uns entwickeln, Bewußtseinsprozesse durchlaufen und vielleicht sogar Hilfe von außen in Anspruch nehmen, um zu einer wirklichen Lösung zu gelangen.

So schwierig dies für den akut Betroffenen in der jeweiligen Situation einerseits erscheinen mag, so erstaunlich ist auf der anderen Seite, wieviel reifer, bewußter und lebendiger Menschen geworden sind, die es geschafft haben, Ihre persönliche Krise zu überwinden.

Auch Sie haben alle Möglichkeiten, dies zu vollbringen, wenn Sie es lernen, wesentliche Krisenfehler zu vermeiden und einen Zugang zu Ihrer inneren Quelle finden.

In den folgenden Kapiteln werden wir Ihnen deshalb einige Möglichkeiten zeigen, Fehler zu vermeiden und Ihre innere Kraft zu aktivieren.

Keine Krise ohne Streß

Jede Krise hat die unangenehme Eigenschaft, daß sie Streß in uns auslöst. Dies trifft natürlich in um so stärkerem Maße zu, je ernster die Krise ist, in der wir uns gerade befinden. Wenn wir bisher ja auch immer von der Gefahr gesprochen haben, die in jeder Krise auf uns lauert, so geht diese Gefahr im Grunde immer vom Streß aus, mit dem jede Lebenskrise unvermeidlich verbunden ist.

Dabei kann Streß sich immer auf seelischer und körperlicher Ebene auswirken. Im seelischen Bereich verursacht Streß das Leiden und die negativen, belastenden Emotionen. Im körperlichen Bereich verursacht er Spannungen, Befindlichkeitsstörungen und schließlich unterschiedliche Symptome oder Krankheiten. Bevor wir den Zusammenhang zwischen Krisen, Emotionen, Krankheiten und Streß betrachten werden, wollen wir zunächst einiges über das Phänomen „Streß“ sagen.

Was ist Streß überhaupt?

Dem Biochemiker und Streßforscher Hans Selye, der den Streßbegriff 1936 erstmals definierte, ist es zu verdanken, daß das Wort „Streß“ ab etwa 1950 immer populärer geworden ist. Selye verwandte den Begriff „Streß“, um die unspezifischen Reaktionen des Organismus auf jede Anforderung zu beschreiben. Von Streß ist immer dann die Rede, wenn die von außen einwirkenden Anforderungen und Reize uns belasten. Dabei ist es zunächst einmal relativ gleichgültig, ob es sich bei diesen Belastungen um Lärm, Hektik, Angst oder Schmerz handelt.

Selye beschäftigte sich hauptsächlich mit jenem Streß, der die Folge körperlich belastender Leistungsanforderung und anhaltender Überbeanspruchung ist.

Wenn unser Körper durch zu lange andauernde oder auch durch zu starke Reize und schädigende Einflüsse Streß erfährt, kommt es zur Auslösung zahlreicher Alarmreaktionen in unserem Organismus. Sie werden das sicher auch schon oft am eigenen Leib erfahren haben: Wenn Sie im Streß sind, fangen Sie an zu schwitzen, der Herzschlag beschleunigt sich, die Muskulatur verspannt sich, und der Blutdruck steigt. Gerade wenn Sie in einer Krise stecken, werden Sie auch schon bemerkt haben, wie der Streß einen Druck in der Magengegend erzeugt und wie uns dann beispielsweise auch der Appetit vergehen kann.

Die streßauslösenden Faktoren werden heute allgemein als Stressoren bezeichnet. Es gibt leider zahlreiche Stressoren, die unser psychisch-körperlich-geistiges Gleichgewicht stören können, wenn wir uns nicht gegen diese Einflüsse zu wehren wissen.

Zu den bekanntesten Stressoren gehören in der Streßforschung die chemischen Stressoren in Form von Giften, Reizstoffen, Drogen usw., ferner die physikalischen Stressoren, also beispielsweise Hitze- und Kälteeinwirkungen oder Lärm. Weiterhin sprechen wir von biologischen Stressoren, mit denen wir es in Form von Viren, Infektionen usw. zu tun haben.

Im Zusammenhang mit den Lebenskrisen werden wir uns aber besonders mit den psychischen Streßauslösern beschäftigen. Diese psychischen oder sozialen Stressoren sind beispielsweise Isolation, Leistungsdruck, Prüfungen und natürlich auch alle anderen extrem belastenden Situationen, die ja für Lebenskrisen charakteristisch sind.

Disstreß und Eustreß

Während der Begriff „Streß“ noch vor wenigen Jahrzehnten nur einige wenige Wissenschaftler beschäftigte, ist das Wort „Streß“ heute in aller Munde. Wir alle leiden mehr oder weniger unter Streß. Schon Kinder und Teenager finden alles „total stressig", und wir selbst sind vielleicht schon „gestreßt", wenn wir im Supermarkt keine frische Milch mehr bekommen.

In dem Maße, in dem immer unachtsamer mit Begriffen wie „Streß" umgegangen wird, schleichen sich natürlich auch gewisse Fehler in unser Denken ein. Wenn wir von Streß sprechen, so sollten wir bedenken, daß die Verwendung dieses Begriffs eigentlich nur dann gerechtfertigt ist, wenn wir es auch wirklich mit den Alarmreaktionen zu tun haben, die unser Organismus in Anbetracht der konkreten Überlastungen in Gang setzt.

Der Streßmechanismus gehört übrigens zu einem der ältesten Grundprogramme im Menschen. In unseren Instinkten ist dieses Programm seit Urzeiten lebendig. Während auch der Höhlenmensch schon Streß kannte, wenn er es beispielsweise unverhofft mit einem wild auf ihn zustürzenden Mammut zu tun hatte, konnte er prinzipiell zwischen der Flucht- oder Kampfreaktion wählen, wobei die Wahl ihm dabei meist nicht so schwergefallen sein dürfte.

Trotz aller Fortschritte der modernen Zivilisation, trotz Flugzeugen, Kabel-TV, Computern und Handys haben wir noch immer keine Möglichkeiten gefunden, dieses Streßprogramm aus unseren Gehirnen zu löschen. Ganz im Gegenteil haben wir sogar mehr Streß als unsere steinzeitlichen Vorfahren, da wir aufgrund der in unserer Gesellschaft herrschenden Verhältnisse oft weder die Möglichkeit zur Flucht noch zum Kampf haben und den schädlichen Einflüssen dadurch weder entgehen noch sie angreifen können.

So verwundert es auch nicht, daß das Thema Streß heute aktueller ist denn je. Mit Medikamenten, Kurzurlauben oder adäquateren Mitteln, wie beispielsweise Yogatechniken, autogenem Training usw., wird versucht, den krankmachenden Streß aufzulösen. Wenn wir aber in dieser Weise mit dem unsichtbaren Gegner Streß kämpfen, sollten wir nicht vergessen, daß Streß an sich nicht unbedingt negativ sein muß.

Im Grunde sprechen wir im Zusammenhang mit Streß immer vom Disstreß, dem negativen, belastenden und krankmachenden Streß. Dabei vergessen wir schnell, daß ein gewisses Maß an Streß nicht nur unbedenklich, sondern geradezu lebenswichtig für uns ist.

Ohne äußere Anforderungen und ohne Reize würden wir schließlich ein reiz- und freudloses Leben fristen müssen. Dies haben auch die Wissenschaftler erkannt, und so haben sie den Begriff „Eustreß" zur Hilfe genommen, um jene erfreuliche Form von Streß zu bezeichnen, die beispielsweise auftritt, wenn wir tanzen gehen oder uns sexuellen Freuden hingeben.

Löst der positive Eustreß Freude in uns aus, so bekommen wir es beim Disstreß mit der Angst zu tun. Entscheidend für das Maß unseres persönlichen Stresses ist die Art der Belastung, mit der wir es zu tun haben. Während kleine und mittlere Reize die Lebenskraft aktivieren und uns guttun, werden sich stärkere Reize und Belastungen eher negativ auswirken.

Leider haben wir es bei Krisen aller Art immer mit dem negativen Distreß zu tun. Wir wissen ja, daß wir Krisenzeiten immer als Phasen der Instabilität und Unsicherheit erleben. Indem wir plötzlich aus einer vermeintlich stabilen Phase unseres Lebens herausgerissen werden und uns am Rande des Abgrunds wiederfinden, entsteht natürlich auch ein beträchtliches Maß an Streß in uns.

Je länger der Disstreß auf uns einwirkt, desto negativer sind die Folgen für unsere physische und psychische Gesundheit. Das bedeutet, daß wir in Krisenzeiten alles daransetzen sollten, Streß abzubauen. Vor allem sollten wir aber auch vermeiden, uns zusätzlich zu dem ohnehin bei Krisen zwangsläufig auftretenden Streß noch weiteren aufzubürden. Das bedeutet, daß wir uns genug Zeit nehmen sollten, uns mit der Lösung der Krise zu beschäftigen. Wir können den Anforderungen, die die extreme Situation der Krise an uns stellt, nur gerecht werden, wenn wir uns viel Zeit für unsere Bedürfnisse nehmen und geduldig und liebevoll mit uns umgehen.

Wenn Streß uns krank macht

Obwohl es uns oft leichterfällt, den Menschen in die Bereiche Körper, Denken und Fühlen einzuteilen, sind wir alle im Grunde natürlich ganzheitliche Wesen. Strenggenommen gibt es daher auch keine „rein körperlichen" oder „rein seelischen" Vorgänge, sondern Körper, Seele und Geist beeinflussen sich immer wechselseitig.

Im Hinblick auf das Thema Streß ist das insofern interessant, als wir uns darüber im klaren sein sollten, daß körperlicher Streß die Seele, seelischer Streß andererseits den Körper in Mitleidenschaft ziehen wird.

Aus der Streßforschung wissen wir, daß ständig andauernde oder starke Reize im Bereich des Körpers auch in den Gefühlen Streß verursachen. So hat man beispielsweise herausgefunden, daß eine ständige Lärmbelästigung durch Autos oder Bauarbeiten bei den betroffenen Anliegern zu mannigfaltigen Störungen innerhalb ihres seelischen Gleichgewichts führte.

Die Betroffenen klagten früher oder später über nervöse Unruhe, Schlafstörungen und depressive Verstimmungen. Ebenso wissen wir ja auch, wie sehr ein biologischer Stressor in Form einer Infektion nicht nur unserem Körper, sondern auch unserer gefühlsmäßigen Verfassung zu schaffen machen kann. Und sicherlich haben Sie auch selbst schon oft erfahren müssen, wie äußerliche Stressoren, beispielsweise Hitze oder Kälte, nicht nur unserem Körper, sondern auch unserer psychischen Verfassung schaden.

Nun lösen krisenhafte Situationen aber keinen körperlichen, sondern erst einmal seelischen Streß aus. Durch Gefühle wie Trauer, Angst, Unsicherheit usw. werden wir später dann aber auch Probleme mit unserem körperlichen Befinden und unserer physischen Gesundheit bekommen.

Wir wissen ja auch aus der Psychosomatik, dem Bereich der Medizin, der sich auf den Zusammenhang zwischen seelischem Befinden und körperlicher Gesundheit konzentriert hat, daß Seele und Körper, also Psyche und Soma, durchaus nicht voneinander getrennt sind. Die Seele hat einen direkten Einfluß auf die Abläufe im Organismus, und in diesem Zusammenhang spricht die Medizin bei jenen Krankheiten, die seelisch bedingt sind, von den psychosomatischen Erkrankungen.

Aus einem neueren Zweig der Forschung, der Psychoneuroimmunologie, wissen wir außerdem, daß nicht nur unsere psychische Gesamtlage, sondern auch alle unsere Gedanken durchaus auf unsere körperliche Verfassung einwirken können – sei es nun zum Guten oder zum Schlechten.

Während einer Krisenphase werden wir natürlich automatisch in seelische Konflikte gestürzt. Verdrängen wir diese inneren Konflikte, so ist die Gefahr groß, daß der emotionale Streß uns krank macht.

Zunächst führen Krisen normalerweise zu der einen oder anderen Befindlichkeitsstörung wie Kopf- und Bauchschmerzen. Die Angst oder Panik, die sich beispielsweise einstellen, wenn wir von unserem Partner verlassen werden, können handfeste, körperliche Schmerzen verursachen oder uns sogar „die Luft zum Atmen nehmen".

Das Streßproblem entsteht aber weniger durch die direkten Reaktionen als vielmehr durch das Andauern belastender Emotionen. Wenn wir in einer Lebenskrise nicht die Kraft finden, uns unseren Emotionen zu stellen und sie auch emotional und sprachlich auszudrücken, baut sich eine enorme Spannung in uns auf. Früher oder später wird diese emotionale Spannung sich dann auf die körperliche Ebene übertragen und dort in Form eines körperlichen Symptoms zum Ausdruck kommen.

Das nachfolgende Beispiel soll dies verdeutlichen. Nehmen wir an, wir stecken in einer Partnerkrise, weil unser Partner aus irgendwelchen Gründen auf die Idee gekommen ist, fremdzugehen. Verständlicherweise sind wir über sein Verhalten alles andere als erfreut. Die Wut, die Enttäuschung und die Angst, den Partner zu verlieren, richten ein Chaos der Gefühle in uns an.

Je weniger es uns gelingt, diese Spannungen zu entladen, desto eher wird beispielsweise unser Blutdruck reagieren, indem er steigt und wir gewissermaßen „auf 180“ sind. Andererseits könnte auch unser Magen reagieren. In diesem Fall bekommen wir Magendrücken, vielleicht sogar eine Magenschleimhautentzündung. Auf diese Weise zeigt uns unser Körper, wie schlecht es uns gelingt, das Verhalten unseres Partners zu verdauen.

Welch fatale Folgen Disstreß für unsere Gesundheit haben kann, hat sich unlängst in einigen Reihenuntersuchungen amerikanischer Wissenschaftler herausgestellt. In diesen Untersuchungen hat man sich Gedanken über die Ursachen von Krebserkrankungen gemacht und dabei auch psychische Faktoren in die Überlegungen mit einbezogen. Dabei stellte sich heraus, daß Krebs sehr oft einige Zeit nach schweren Verlusten, wie Trennungen von geliebten Menschen oder auch dem Verlust der Heimat usw., auftritt. Immer reagierten die Patienten auf diese Verlustkrisen mit Ängsten und Depressionen, fanden gleichzeitig aber keine Möglichkeit, diese Emotionen und den Verlust zu verarbeiten.

Abgesehen von der mangelnden Fähigkeit, Gefühle wie Haß, Wut, Trauer und Enttäuschung zum Ausdruck zu bringen, handelte es sich bei den untersuchten Krebspatienten in den meisten Fällen um sehr angepaßte Menschen, die ihre eigenen Bedürfnisse hinter die der anderen stellten.

Der Zusammenhang zwischen Zellentartung und Verlusterlebnissen ist sicher ein dramatisches Beispiel. Dennoch sollten wir uns bewußt sein, daß auch „harmlosere“ Beschwerden beziehungsweise Erkrankungen, wie Magenbeschwerden, Verdauungsstörungen, Infektionen, Menstruationsstörungen, Impotenz, Hauterkrankungen, Blutdruckprobleme, Herzinfarkt, Rückenschmerzen, Atembeschwerden usw., die Folge von seelischem Streß sein können.

Die in Krisenzeiten auftretenden Belastungen können bei mangelnder Krisenbewältigung schnell dazu führen, daß unser Organismus im Daueralarm ist, was natürlich auch unser Immunsystem schädigt. Der Körper sendet uns aber immer wieder Warnsignale, schon lange, bevor unser Immunsystem zusammenbricht und sich ernsthafte Erkrankungen ausbreiten können.

Wenn Sie in einer persönlichen Krise stecken, sollten Sie deshalb über die psychologische Krisenlösung hinaus auch sorgfältig auf das körperliche Geschehen achten. Indem Sie Ihren Körper aufmerksam beobachten, können Sie Warnsignale schneller wahrnehmen und sich rechtzeitig um die Wiederherstellung des Gleichgewichts kümmern. Wir haben ja bereits erwähnt, wie wichtig es ist, sich die Gefühle, die während einer Krise auftreten, genau anzuschauen, anstatt sie zu verdrängen.

Ebenso wichtig ist aber auch, die Veränderungen, die diese Gefühle im Körper bewirken, die Verspannungen, Bauchschmerzen, Verdauungsstörungen oder was auch immer es für Veränderungen sein mögen, genau zu beobachten und über die Bedeutung der Signale, die unser Körper uns sendet, nachzudenken.

Ferner sollten wir bei der Krisenbewältigung immer auch für die Harmonisierung unseres Körpers sorgen, indem wir für Bewegung und Entspannung, für eine tiefe Atmung und eine gesunde, vollwertige Ernährung sorgen und unseren Körper beispielsweise durch Massagen ein bißchen verwöhnen.

Vorsicht, Drogen!

In dem Versuch, die extremen Belastungen einer Krise zu überwinden, kommt es nicht gerade selten vor, daß Menschen zu Drogen in Form von Alkohol, Nikotin, Tabletten usw. greifen. Wir kennen ja alle die klassischen Filmszenen, in denen Cowboys oder andere harte Männer an der Bar über ihrem zehnten Whiskeyglas zusammengesunken sind, weil sie versucht haben, ihren Kummer zu ersäufen, da ihnen gerade die Frau oder vielleicht auch nur das Pferd weggelaufen ist.

Doch spätestens wenn wir selbst in der Krise stecken, scheint uns diese Szene durchaus nicht mehr so absurd zu sein. Seit jeher werden gerade Alkohol, aber natürlich auch Nikotin, Kokain, Haschisch, Psychopharmaka, Beruhigungstabletten usw. als Mittel eingesetzt, um Zustände, die uns unerträglich scheinen, erträglicher zu machen. Manchen Menschen ist ihr ganzes Leben unerträglich, und sie hängen dann oft auch ihr Leben lang an irgendwelchen Drogen, wodurch die Situation im Endeffekt natürlich noch unerträglicher wird.

Gerade in Krisenzeiten haben wir es oft mit Zuständen zu tun, die uns unerträglich sind, und so ist die Suche nach einem Mittel, das uns dabei hilft, mit den Anforderungen und Belastungen fertig zu werden, auch durchaus verständlich. Die Suche nach Mitteln, die uns helfen, die innere Leere auszufüllen, führt aber leider allzu leicht in die Sucht, und nicht selten lösen gerade Krisen eine Alkohol- oder Tablettensucht aus.

Naturgemäß trachten wir danach, das Unangenehme und Leidverursachende zu meiden und suchen nach dem Angenehmen. In der Tat sind Drogen wie Alkohol oder Haschisch ja auch dazu geeignet, uns relativ schnell eine gewisse Entspannung zu bescheren. Mittel wie Kokain oder einige Designerdrogen können unsere Stimmung heben und uns in Euphorie versetzen. Hingegen können Schlaf- und Beruhigungsmittel unsere Nervosität abdämpfen und unser Leid dadurch scheinbar lindern.

Obwohl der Griff zu Alkohol, Drogen oder Tabletten also verständlich ist, ist er doch auch sehr gefährlich – und das aus mehreren Gründen.

Der erste Grund ist, daß Drogen oder Alkohol uns nur über sehr kurze Zeit einen „Kick“ geben können und daß die Stimmung somit sehr schnell wieder auf dem Tiefpunkt ist, so daß man nach weiterem Konsum verlangt, was dann ja bekanntlich schnell zu Sucht und Abhängigkeit führt.

Hinzu kommt, daß das Gefühlstief nach der kurzzeitigen Euphorie oder Entspannung, die uns verschiedene Substanzen bescheren können, oft noch extremer ist, so daß wir in ein noch tieferes Loch hineinfallen, als es durch die Belastungen der Krise ohnehin schon der Fall ist.

Darüber hinaus ist es nur durch eine bewußte, wache Krisenbewältigung, für die wir einen sehr klaren Kopf benötigen, möglich, eine Krise auf Dauer zu lösen. Der Drogenkonsum, der übermäßige Alkoholgenuß oder auch die Einnahme von Tabletten ist im Grunde nur Ausdruck dafür, daß wir vor den Schwierigkeiten flüchten, und so sprechen wir dann ja auch oft von der „Flucht in den Alkohol".

Wenn wir uns selbst genau beobachten, werden wir feststellen, daß dem Griff zur Flasche oder zur Zigarette usw. der Wunsch zugrunde liegt, vor unseren Ängsten, unserer Verzweiflung und unseren inneren Konflikten wegzulaufen oder sie möglichst schnell zu verdrängen.

Indem wir uns von äußeren Substanzen abhängig machen, werden wir natürlich nie und nimmer eine Krise lösen, und außerdem werden wir durch die Abhängigkeit und Sucht an persönlicher Kraft verlieren, wodurch wir ein weiteres Problem schaffen.

Wir haben ja vorhin bereits darüber gesprochen, wie negativ sich Streß auf uns auswirkt und daß ein gewisses Maß an Streß in Krisenzeiten leider unvermeidbar ist.

Durch den exzessiven Genuß von Drogen aller Art, durch den wir dem Streß eigentlich zu entfliehen wünschen, vermehren wir ihn im Grunde nur, da es sich bei Alkohol, Nikotin oder anderen Drogen ja immer auch um Gifte handelt, die der Körper abbauen muß. Da die Entgiftung des Körpers aber nur bis zu einer bestimmten Grenze funktioniert, müssen wir gerade bei regelmäßigem Alkohol- und Drogenkonsum mit Organschädigungen rechnen.

Übrigens sind auch Beruhigungsmittel und Psychopharmaka nur in den seltensten Fällen dazu geeignet, die Krisenlösung zu unterstützen, und wenngleich diese Mittel hierzulande oft leichtfertig verschrieben werden, heißt das noch lange nicht, daß sie deshalb unschädlich wären.

Wen die zahlreichen negativen Wirkungen von Alkohol, Nikotin, Kokain, Tabletten usw. interessieren, der kann sich darüber informieren, indem er sich die entsprechende Literatur – beispielsweise Broschüren, die die Krankenkassen herausgeben – besorgt beziehungsweise den Beipackzettel von Psychopharmaka genau studiert.

Doch wir möchten uns an dieser Stelle gar nicht weiter über diese negativen Wirkungen auf Körper und Seele auslassen, und es geht uns auch nicht darum, irgend jemandem die Freude an seinem abendlichen Glas Bier oder Rotwein zu nehmen. Vielmehr ist es wichtig, sich klarzumachen, daß wir gerade in Krisenzeiten besonders gefährdet sind, in eine Sucht zu geraten, und daß wir in diesen Phasen daher eben besonders vorsichtig mit Substanzen umgehen sollten, die uns eine schnelle Lösung vorgaukeln.

Nur indem wir uns die Zusammenhänge bewußt machen, uns unseren Gefühlen und Ängsten stellen, statt in Fluchtmechanismen wie Drogenkonsum zu verfallen, und indem wir unsere seelische und körperliche Gesundheit fördern, anstatt sie noch mehr zu gefährden, können wir letztlich den Ausweg aus der Krise finden und die Chance nutzen, durch die Verwandlung, die in uns stattfindet, wenn wir die Krise überwunden haben, zu einem bewußteren und glücklicheren Leben zu finden.

Die Krise in ihren verschieden Aspekten

Die Grundvoraussetzung dafür, daß wir in der Lage sind, Krisen zu meistern und die Chance zur Wandlung zu ergreifen, ist natürlich, daß wir ungefähr wissen, was während einer Krise mit uns passiert. Nun gibt es, wie wir gesehen haben, sehr viele unterschiedliche Krisen, und selbstverständlich hat man es bei einer Midlife-crisis mit einer anderen Problematik zu tun, als es beispielsweise bei einer bedrohlichen Krankheit der Fall ist.

Da wir auf die Besonderheiten der einzelnen Lebenskrisen bereits eingegangen sind, wollen wir uns an dieser Stelle besonders mit den Aspekten beschäftigen, die allen Krisen gemeinsam sind.

Wenn wir wissen, daß Krisen bestimmte Phasen durchlaufen oder besser gesagt, daß wir selbst während einer Krise bestimmte Phasen durchlaufen, wenn wir also wissen, was annähernd auf uns zukommt, haben wir sehr viel bessere Möglichkeiten, kreativ mit Krisen umzugehen, als wenn wir im dunkeln tappen.

Wie wichtig es ist, sich zu informieren, wissen wir ja aus vielen Bereichen des Alltags. Wenn wir beispielsweise in ein fremdes Land reisen, werden wir zuvor sehr wahrscheinlich einen Blick in die Landkarte werfen und uns informieren, damit wir uns auf die Umstände, die uns dort erwarten, einstellen können. Je nachdem, ob wir dann sengende Hitze oder Dauerregen zu erwarten haben, wird es sinnvoll sein, sich entweder Sonnenhut und Sonnenmilch oder aber ein Paar Gummistiefel und ein Regencape einzupacken.

In gewisser Weise ist auch jede Krise eine Reise und ein Abenteuer, da sie uns in Zustände führen kann, die wir bisher noch nie erlebt haben. So werden wir es beispielsweise mit extremen Emotionen zu tun haben, die wir im normalen Alltag nie zulassen würden, die nun aber durch die akute Bedrohung der Krise wohl oder übel ausgelöst werden.

Darüber hinaus werden wir eine vollkommen neue Perspektive einnehmen müssen, wenn uns beispielsweise bewußt wird, daß wir vielleicht bis heute noch gar nicht richtig gelebt haben. Krisen verändern uns, ob wir wollen oder nicht. Sie stürzen uns in Abgründe, ermöglichen es uns aber andererseits auch, bisher ungekannte Höhen zu erklimmen.

Obwohl diese Veränderungen automatisch passieren, ist es doch günstig, wenn man schon vorher weiß, welcherart diese Veränderungen sein können, wie die Phasen, die wir durchlaufen müssen, aufeinanderfolgen, und mit welcherart Emotionen wir es zu tun haben werden.

Natürlich läßt sich eine „Krisenlandkarte" nie so genau zeichnen wie eine geographische, denn jeder Mensch reagiert sehr unterschiedlich, und außerdem sind auch die Krisen, unter denen wir leiden können, sehr unterschiedlich.

Wenn wir etwas über die Krisenphasen erfahren wollen, ist es sehr hilfreich, einen Blick auf die schwerwiegendste Krise zu werfen, die am Ende jedes Menschenlebens unvermeidlich ist, nämlich auf die Todeskrise. Ohne Zweifel ist der Sterbevorgang, wenn er nicht durch einen plötzlichen Unfall verursacht wird, die schwierigste Situation im Leben eines Menschen.

Wenn wir sterben, müssen wir alles, was wir lieben, zurücklassen. Weder unseren Besitz noch unsere Liebsten, ja nicht einmal uns selbst können wir über die Schwelle des Todes mitnehmen, und selbstverständlich wird die Sterbephase auch die Zeit sein, in der wir noch einmal sehr genau auf unser bisheriges Leben blicken. In dieser Phase wird uns die Tatsache, daß es nun nicht mehr möglich ist, unsere Fehler und Versäumnisse zu korrigieren beziehungsweise nachzuholen, besonders bitter erscheinen.

Doch trotz der ausweglosen und scheinbar so düsteren Lage beobachten wir bei Sterbenden ein interessantes Phänomen. In dem Moment, in dem der Todgeweihte mit seinem Leben abgeschlossen, die noch zu erledigenden Dinge erledigt, Frieden geschlossen und sich selbst folglich losgelassen hat, um sich einer höheren Macht anzuvertrauen, erfährt der Sterbende einen Frieden und eine Ruhe, die von unvorstellbarer Tiefe sind. Die Voraussetzung dafür ist aber, daß das „Ich", die an die Welt, die Wünsche und Begierden gebundene Person, kapituliert.

Die Sterbeforscherin und Psychologin Kübler-Ross, die sich ihr Leben lang mit Sterbenden und deren Angehörigen beschäftigt, Seminare gehalten und zahlreiche Bücher zum Thema „Tod und Sterben" veröffentlicht hat, unterteilt aufgrund ihrer Beobachtungen die Stufen des Sterbens in fünf aufeinanderfolgende Phasen. Da diese Phasen auch für das Thema „Lebenskrisen" von Interesse sind, wollen wir sie hier kurz aufzählen:

- das Nichtwahrhabenwollen
- das Erkennen der schrecklichen Gewißheit
- die Verhandlungsphase
- Depressionen, Verbitterung und Kummer
- die innere Einwilligung, Zustimmung und Loslassen

In der ersten Phase des Sterbeprozesses verdrängt der Sterbende die Tatsachen. Er weigert sich beispielsweise, die Tragweite seiner Erkrankung zu erkennen. Hier entsteht oft das Gefühl, „dies alles doch nur zu träumen". Und so hofft der Betroffene, aus diesem Alptraum möglichst bald wieder zu erwachen.

In der zweiten Krisenphase tritt dann die schreckliche Gewißheit ein. Der Mensch begreift auf einmal, wie es um ihn steht. Der Traum wird zur bitteren Realität, aus der es keinen Ausweg mehr zu geben scheint.

Auf der dritten Stufe dieses Prozesses kommt es normalerweise dazu, daß der Mensch damit beginnt, mit Gott oder einer höheren Instanz über sein Schicksal zu verhandeln. Oft ist diese Phase von Gebeten und verzweifelten Rufen an Gott geprägt. In der Verhandlungsphase schließen die Betroffenen oft mit Gott einen Vertrag ab, so etwa nach dem Motto:

„Wenn du mich aus dieser Situation noch einmal herausholst, werde ich in Zukunft viel bewußter leben und mit allen negativen Seiten meiner Persönlichkeit aufräumen."

In der vierten Phase fällt der Sterbende in schwere Depressionen. Durch das Bewußtsein des nahenden Todes kommt es zu einem Chaos der Emotionen. Verzweiflung, Wut, Enttäuschung, vor allem aber auch Angst und Kummer machen sich breit, wodurch diese Phase auch besonders belastend ist, und zwar nicht nur für den Sterbenden, sondern auch für die Angehörigen, Ärzte, Pfleger usw.

In der letzten Phase sind die panischen Gefühle weitgehend überwunden. Oft kommt es dann sehr plötzlich vor, daß der Mensch losläßt und seinem unvermeidbaren Tod innerlich zustimmt. Diese letzte Phase ist oft von einem Gefühl des Friedens und der inneren Ruhe begleitet. Der Sterbende lehnt sich nicht mehr gegen sein Schicksal auf, er hat mit seinem Leben abgeschlossen und kann die ihm verbleibende Zeit in Verbindung zu seinem innersten Wesenskern erleben.

Nicht selten drängt sich dem Sterbenden in dieser Phase auch die Gewißheit auf, daß der Tod nicht das absolute Ende bedeutet, sondern daß der Tod ebenso wie andere Krisen lediglich eine Stufe der Verwandlung und Transformation darstellt, durch die der Mensch hindurchschreiten muß, um in eine andere, höhere Dimension einzutreten, über die er aufgrund seiner jetzigen, beschränkten Sichtweise aber natürlich keine Aussage machen kann.

Übrigens kommt es auch immer wieder einmal vor, daß gerade die letzte Phase – das Wiederfinden des inneren Gleichgewichts – zu einer Wandlung innerhalb der Erkrankung führt. Das grenzenlose Vertrauen in eine höhere Macht – Gott, das innere Selbst, die Seele oder wie auch immer man es nennen mag – scheint in einigen Fällen den Heilungsprozeß derart zu aktivieren, daß die Genesung eintritt und der Tod wieder in weite Ferne gerückt wird.

Die fünf Krisenphasen

Obwohl die Lebenskrisen natürlich bei weitem nicht so dramatisch verlaufen wie eine Todeskrise, kann uns der Blick auf die Einteilung der fünf Phasen auch in anderen Krisen durchaus behilflich sein. Obwohl es gewisse Abweichungen und Varianten gibt, können wir doch auch z.B. bei Verlust- oder Trennungskrisen bestimmte Phasen beobachten, die den Phasen der Todeskrise ähnlich sind.

Im Gegensatz zu der oben aufgeführten Einteilung kennen wir bei Lebenskrisen, insbesondere aber bei Krisen, die durch schicksalhafte Ereignisse ausgelöst wurden, ebenfalls fünf, wenn auch etwas andersgeartete Phasen:
- Verdrängen
- Versuch der Wiederherstellung
- Emotionale Krise
- Suche nach Lösung
- Neuorientierung

Um den ganzen Umfang einer Krise besser überblicken zu können, wollen wir jetzt einen Blick auf jede dieser fünf Phasen werfen und uns anschauen, was während der jeweiligen Phase mit uns geschieht.

1. Verdrängen

In der ersten Phase neigen wir dazu, die Krise gar nicht wahrzunehmen, weil wir Veränderungen, die sich bemerkbar machen, möglichst schnell verdrängen.

So kann es beispielsweise in der Midlife-crisis oder auch in den Wechseljahren vorkommen, daß wir Gefühle der inneren Leere oder auch Phänomene wie Übermüdung und Lustlosigkeit gar nicht an uns heranlassen. Werden wir von außen darauf angesprochen, daß wir schlecht oder müde aussehen oder daß wir einen nervösen, unruhigen Eindruck auf Freunde, Kollegen usw. machen, so reagieren wir oft mit Sätzen wie: „Wieso denn, mir fehlt wirklich nichts. Es geht mir sogar ganz gut.“

Anders als bei der Amputation eines Beines, wo wir die Tatsachen kaum verdrängen werden, kann es gerade bei schleichenden Krisen, wie es eben die Midlife-crisis, die Wechseljahre oder Alterskrisen sind, leicht vorkommen, daß wir den Beginn der Krise gar nicht bemerken, weil wir uns nicht eingestehen wollen, daß wir es zunehmend mit Frustration oder depressiven Verstimmungen und anderen Erscheinungen zu tun haben.

Je schneller wir uns aber für die Veränderungen öffnen, und je schneller wir uns eingestehen, daß eben nicht „alles in Ordnung" ist, desto leichter werden wir diese erste Phase überwinden, die die Dauer der Krise sonst nur unnötig in die Länge ziehen würde.

2. Versuch der Wiederherstellung

In der zweiten Krisenphase erkennen wir zwar, daß sich etwas verändert hat und daß wir wegen der vorgefallenen Ereignisse oder Veränderungen unglücklich sind, wir versuchen aber, den Zustand, der vor der Krise herrschte, möglichst schnell wiederherzustellen.

So werden wir bei einer Trennungskrise versuchen, unseren Partner davon zu überzeugen, daß es auch für ihn das einzige Wahre ist, wenn er wieder zu uns zurückkehrt. Wir setzen alles daran, uns den Wunsch danach zu erfüllen, daß „alles wieder so sein soll, wie es einmal war".

Der Manager, der in die Midlife-crisis stürzt, wird versuchen, seine innere Kritik an seinem Job zu verwerfen. Er wird versuchen, seinen Leistungsstandard zu halten, seine Aufgaben wie bisher zu erledigen und in seiner Arbeit den Sinn zu finden, den er in den letzten Jahren in ihr gefunden hat.

Die Frau in den Wechseljahren wird hingegen einiges dafür tun, wieder jung und schön auszusehen. Vielleicht wird sie kostbare Zeit in Kosmetikstudios, auf Sonnenbänken und im Fitneßstudio verbringen, da sie sich danach sehnt, den Zustand vor der Krise wiederherzustellen und möglichst wieder wie eine Zwanzigjährige auszusehen.

Natürlich ist es verständlich, daß wir den Wunsch haben, einen Zustand zurückzugewinnen, der uns angenehm war und in dem wir eine gewisse Stabilität erfahren haben. Doch erstens vergessen wir dabei leicht, daß die Vergangenheit in vielen Punkten gar nicht so strahlend war, wie sie uns in unserer jetzigen Angst erscheint. Und zweitens ist es natürlich eine Illusion zu glauben, daß es möglich wäre, irgendeinen Zustand auf Dauer festhalten zu können.

Das Leben – und auch unser eigenes Leben – ist in ständiger Veränderung begriffen. Sowenig, wie wir die vergangene Minute je wieder zurückholen können, wird es uns gelingen, die Befriedigung, die wir in unserer Jugend, mit unserem Partner oder unserem Job in der Vergangenheit erfahren haben, in gleicher Weise noch einmal zu erleben.

In der zweiten Phase ist es deshalb wichtig, zu erkennen, daß wir durch die Krise auch die Gelegenheit haben, lebendig zu bleiben und uns zu wandeln, was eng miteinander zusammenhängt. Das Aufgeben vergangener Zustände heißt aber nicht, daß wir unser Glück oder unsere Zufriedenheit schlechthin aufgeben müßten, sondern lediglich, daß wir einen Weg finden müssen, eine neue, intensivere Art des Glücks und des inneren Friedens zu finden.

3. Emotionale Krise

Sobald wir die ersten beiden Phasen durchlaufen haben, gibt es kein Zurück mehr. Weder gibt es noch einen Zweifel daran, daß wir uns wirklich in einer Krise befinden, noch geben wir uns weiterhin der Illusion hin, daß wir den früheren Zustand wiederherstellen können. In dieser dritten Phase erkennen wir die belastende Situation in ihrer ganzen Tragweite.

Wenn es uns vollkommen bewußt geworden ist, daß wir unseren Partner verloren haben, daß unsere Kinder nicht mehr zu uns zurückkommen werden, daß wir aufgrund unseres hohen Alters nicht mehr selbständig leben können usw., werden starke Emotionen über uns hereinbrechen.

In dieser Phase kommt es zu Gefühlen, die uns zum ersten Mal wirklich bewußt machen, daß wir in einer ernsten Krise stecken. In sehr intensiver Form erleben wir dabei Gefühle wie Wut, Zorn und Haß. Wir erfahren auch, was es heißt, zutiefst enttäuscht, ja sogar vollkommen verzweifelt zu sein. Wir trauern über unseren Verlust, und möglicherweise ziehen wir uns ganz in uns selbst zurück.

Die Gefahr, sich auf diesem Höhepunkt der Krise in Alkohol oder andere Drogen zu flüchten, ist relativ groß. Ebenso gefährlich ist es, wenn wir in dieser Phase in depressive Verstimmungen oder gar in eine ausgewachsene Depression hineinrutschen. In diesem Fall wird es notwendig sein, sich die Gefahren und Chancen von Depressionen, die in unserer Zeit immer mehr zunehmen, bewußt zu machen. (In unserem Rageber „Depressiv? Deprimiert?“, Rastatt 1996, finden Sie eine Reihe von Möglichkeiten zur Überwindung von Depressionen beschrieben.)

Die dritte Krisenphase ist die Phase, in der unsere Gefühle mit uns durchgehen, und damit ist sie für die meisten Menschen, gerade wenn es ihnen schwerfällt, mit ihren eigenen Gefühlen umzugehen, sicherlich die schwierigste Zeit.

Obwohl Gefühle wie Wut, Angst, Unsicherheit, Traurigkeit usw. natürlich nicht angenehm sind, sind sie doch Teil von uns. Darüber hinaus sind diese Gefühle eine ganz natürliche Reaktion auf die belastende Situation. Es wäre daher fatal, diese Emotionen zu unterdrücken, nur weil wir so erzogen worden sind oder es sich in unserer Zeit nicht schickt, Gefühle zu zeigen.

Wir werden später noch einmal darauf zurückkommen, in welcher Weise wir Gefühle ausdrücken können. An dieser Stelle soll es genügen, sich klarzumachen, daß nur das bewußte Durchleben der Tiefen dieser dritten Phase es uns ermöglicht, die Krise später zu bewältigen und unsere innere Balance zurückzugewinnen.

4. Suche nach Lösung

Die emotionale Krise ist eine unvermeidbare Reaktion auf die Ereignisse, die unser Leben verändert haben. Die durchlebten Tiefen der dritten Phase sind die Voraussetzung dafür, daß wir nun in der vierten darangehen können, uns auch rational mit den uns bedrängenden Problemen auseinanderzusetzen.

In dieser Phase der Krise beginnen wir damit, bewußt nach Lösungen zu suchen – und dabei kommt uns diesmal unser rationaler Verstand zu Hilfe, der in der vorigen Phase, in der die Verzweiflung und die negativen Emotionen zu mächtig waren, kaum in Aktion treten konnte.

Wenn wir nun damit beginnen, über unsere Lage nachzudenken, heißt das natürlich nicht, daß wir deswegen von düsteren Gefühlen gänzlich befreit wären. Andererseits kommt es nun doch allmählich zu einer Wandlung, in der Überlegungen mehr und Gefühle weniger Gewicht bekommen.

Die rationale Auseinandersetzung ermöglicht es uns, Fehler zu erkennen und Verhaltensweisen aufzudecken, die möglicherweise zur Auslösung der Krise beigetragen haben. Nur durch die Klarheit der Gedanken, die wir erhalten, wenn wir unser Problem aus einem gewissen Abstand betrachten, wird es möglich, unseren Kurs zu korrigieren und uns für positive Veränderungen zu öffnen.

In der vierten Phase sind wir meist sehr offen für Angebote von außen. Vielleicht lassen wir uns von einem Therapeuten beraten und suchen mit ihm gemeinsam nach Lösungen. Vielleicht besuchen wir auch Kurse, lesen Bücher zu dem uns belastenden Thema, oder wir sprechen auch mit Freunden über unsere Probleme. Diese Gespräche sind sehr wichtig, da sie es uns ermöglichen, die Problematik unserer Krise von allen Seiten zu beleuchten.

Letztlich sind unsere Gedanken bei der Krisenbewältigung sehr entscheidend. Obwohl es also wichtig ist, seine Ängste, Sorgen und Nöte sprachlich zum Ausdruck zu bringen, sollten wir dabei nicht übertreiben, da wir sonst leicht in die Gewohnheit des negativen Denkens fallen könnten.

Der Blick sollte in der vierten Phase deshalb vor allem in die Zukunft gerichtet sein. Die Analyse des bisher Geschehenen muß klar und mutig sein, darf aber nicht dazu führen, daß wir unsere Fehler und Versäumnisse immerzu wiederholen oder gar in Selbstmitleid verfallen. Statt dessen sollten wir uns darauf konzentrieren, uns aus unserer Umgebung möglichst positive Impulse zu holen, die uns dazu anregen, unsere Suche nach unserem verlorengegangenen Gleichgewicht zu unterstützen.

5. Neuorientierung

Wenn wir alle Phasen der Krise durchlaufen haben, wenn wir unsere Lage erkannt, unsere Gefühle zugelassen und uns auf die Suche nach positiven Lösungen gemacht haben, werden wir in der letzten Phase die Früchte unserer Krisenbewältigung ernten.

Die letzte Krisenphase ist im Grunde schon mit der Lösung der Krise gleichzusetzen. In dieser Phase orientieren wir uns neu, wir öffnen uns für neue Impulse, neue Menschen, neue Tätigkeiten usw. Wir lernen, unserer Intuition zu vertrauen und fangen allmählich damit an, unsere durch die Krise gesteigerte Lebenskraft und Lebensintensität zu genießen.

Nicht selten wird auch unsere Umgebung jetzt erstmals die Veränderungen an uns bemerken, da wir anfangen, mehr Farbe und Freude in unser Leben zu bringen und dies auch nach außen ausstrahlen. Gegen Ende einer Midlife-crisis kann es beispielsweise dazu kommen, daß der betroffene Mann damit beginnt, sich vermehrt um seine Beziehungen zu kümmern und seine so lange unterdrückten Gefühle schrittweise mehr und mehr zuzulassen.

Hingegen kann es uns die Phase der Neuorientierung bei einer Trennungskrise ermöglichen, wieder Frieden mit unserem Partner zu schließen und die Kränkungen, die während der akuten Phase stattgefunden haben mögen, wiedergutzumachen.

Wir erfahren dann die innere Kraft, die wir benötigen, um unseren Partner wirklich loszulassen, ihm seine Entscheidung zu verzeihen und sie sogar zu verstehen. Schließlich können wir ihm dann ohne Begehren und ohne den Wunsch, ihn zurückzugewinnen, viel Glück für seinen weiteren Weg wünschen.

In dieser Weise mag aus einer zerstörten Zweierbeziehung nicht selten eine langdauernde Freundschaft werden, in der der Kontakt bestehenbleibt und in der man ohne Bitterkeit auf die Vergangenheit zurückblickt.

Gleichzeitig können wir, sobald wir uns wirklich befreit haben, auch unseren eigenen Weg gehen und uns für neue Menschen öffnen, um eventuell auch wieder eine neue Beziehung eingehen zu können, falls wir dies wünschen.

In der letzten Krisenphase, der Neuorientierung, kämpfen wir nicht weiter gegen unser Schicksal an, wir lassen uns auf den Fluß des Lebens ein, sehen die Chance, die die Krise für unsere persönliche Entwicklung bietet, und finden gestärkt zu einer neuen Phase des Gleichgewichts zurück.

Im Vergleich zu der Zeit vor der Krise erreichen wir diesmal aber eine höhere Stufe der inneren Stabilität, da wir über mehr Erfahrung, Überblick und Kraft verfügen, was uns vielleicht einmal sehr nützlich sein wird, wenn eine neue Krise sich anbahnt, die uns dann schon nicht mehr so leicht aus der Ruhe bringen wird.

Obwohl wir die fünf Krisenphasen einzeln beschrieben haben, handelt es sich dabei natürlich nicht wirklich um Phasen, die vollkommen voneinander getrennt sind. In Wirklichkeit fließen die Phasen ineinander über.

Darüber hinaus werden manche Menschen sehr kurz in der emotionalen Krise stecken und relativ schnell mit der Suche nach Lösungen beginnen, während andere sehr viel länger unter dem Chaos der Gefühle leiden, das sie dann selbst noch in der Phase der Neuorientierung kurzzeitig wieder einholen wird. Doch trotz scheinbarer kleiner Rückschritte ist die Tendenz doch die, daß wir der Lösung der Krise mit der Zeit immer näher kommen, vorausgesetzt wir haben uns auch wirklich dazu entschlossen, unsere Krise zu lösen.

Was für ein Krisentyp sind Sie?

Wie gesagt sind die fünf Krisenphasen nur eine grobe Zeichnung der „Krisenlandkarte", aber immerhin ermöglichen sie es uns, einen Überblick zu bekommen, und machen uns in etwa mit dem vertraut, was uns bevorsteht. Dennoch reagieren Menschen immer noch sehr unterschiedlich, selbst wenn sie unter sehr ähnlichen Belastungen leiden.

Die Schwere der Krise und das Maß unseres Leides ist natürlich vor allem von unserer inneren Stabilität abhängig. Außerdem werden Menschen, die schon viele Krisen durchstehen mußten, wahrscheinlich besser gerüstet sein und vieles leichternehmen, als jene, die bisher weitgehend von extremen Situationen verschont geblieben sind.

Dennoch gibt es einige typische Möglichkeiten, mit schwierigen Lebensphasen umzugehen, und dabei hängt es sehr stark von der Veranlagung und dem Charakter des Betroffenen ab, wie er mit Krisen umgeht. Wenn Sie sich die folgenden kurzen Typologien durchlesen, werden Sie sich wahrscheinlich in einem der beschriebenen Krisentypen mehr oder weniger genau wiederfinden können, während Ihnen das Verhalten anderer Krisentypen eher fremd ist.

Lesen Sie sich bitte kurz die folgenden Beschreibungen durch, und überlegen Sie sich, zu welchem Krisentyp Sie sich selbst zählen würden.

Indem Sie erkennen, zu welchen Mechanismen Sie in schwierigen Zeiten neigen, können Sie diese Mechanismen am ehesten durchbrechen und Fehler bei der Krisenbewältigung vermeiden. Wie so oft gilt nämlich auch hier, daß die Selbsterkenntnis der erste Schritt zur Besserung oder sagen wir lieber zur Lösung ist.

Der Verdrängungstyp

Der Verdrängungstyp hat schlechte Chancen, Krisen zu bewältigen, weil er sich meist gar nicht bewußt wird, daß er überhaupt in einer Krise steckt. Es muß schon sehr „hart" zugehen, bis der Verdrängungstyp deutlich spürt, daß er der Situation nicht mehr gewachsen ist.

Schleichende Krisen wie die Midlife-crisis oder die Wechseljahre sowie auch Partnerkrisen werden ihn kaum erreichen. Nur in extremen Situationen, wie etwa dem nahenden eigenen Tod oder dem Tod eines nahestehenden Menschen, wird er sich seiner Lage wirklich bewußt.

Die Aussagen des Verdrängungstyps lauten: „Wieso soll ich in einer Krise stecken? Mir fehlt doch nichts!“ oder: „Manchmal läuft eben nicht alles optimal, aber das ist doch kein Grund, gleich in Panik zu geraten.“

Es ist erstaunlich, mit welcher Konsequenz manche Menschen diese Strategie verfolgen. Wo andere schon längst verzweifelt wären, halten sie noch immer die Illusion aufrecht, daß im Grunde doch alles bestens läuft. Hinter diesem Mechanismus steht die Angst vor Konflikten und natürlich auch die Angst zu leiden.

Verdrängungstypen funktionieren oft mehr, als daß sie leben. Nur die reibungslose Funktion ist erwünscht, und so kommt es auch nicht selten vor, daß dieser Krisentyp sich sehr weit von seiner inneren Wahrnehmungsfähigkeit entfernt hat, daß er beispielsweise weder seinen Körper noch seine Gefühle, geschweige denn seine verborgenen Träume spürt. Die Aufgabe des Verdrängungstypen besteht deshalb darin, mehr nach innen zu horchen und sich selbst genauer zu beobachten, um sich so auch seiner unerwünschten Gefühle wieder bewußt werden zu können.

Der Fluchttyp

Im Gegensatz zum Verdrängungstypen weiß der Fluchttyp durchaus um die Krise, in der er steckt. Er spürt an Leib und Seele, daß es ihm schlechtgeht, und oft leidet er sogar besonders stark an den Ängsten, den Sorgen, der Einsamkeit und anderen Gefühlen, die die Krise in ihm auslösen. Und gerade diese Intensität des Erlebens ist es, die ihn zur Flucht treibt.

Der Fluchttyp reagiert auf schwierige Situationen beispielsweise, indem er damit beginnt, Alkohol zu trinken, Tabletten einzunehmen oder andere Drogen zu konsumieren. Vielleicht sucht er auch auf anderen Gebieten nach Ablenkung. Vielleicht flüchtet er sich zum Beispiel in zahlreiche Vergnügungen, geht oft aus und trifft sich möglichst häufig mit Freunden und Bekannten.

Ein weiterer verbreiteter Fluchtmechanismus besteht darin, sich in die Arbeit zu stürzen. Fluchttypen arbeiten oft bis tief in die Nacht und versuchen vor ihren Ängsten davonzulaufen, indem sie sich sozusagen „nonstop" beschäftigen.

Im Grunde hätte der Fluchttyp relativ gut Chancen, seine Krise zu meistern, wenn er den Mut finden würde, seine deutlich spürbaren Emotionen auch nur kurzzeitig auszuhalten und auch auszudrücken. Sein Wille, die Situation zu verändern, würde ihm dabei helfen, relativ schnell Lösungen zu finden und sich neu zu orientieren.

Doch solange er auf der Flucht ist, wird er die Bewältigung der Krise nicht nur auf die lange Bank schieben, sondern er wird sich durch sein Verhalten auch schädigen. Besonders die Arbeitswut oder die Flucht in Drogen werden natürlich der Gesundheit schaden, und darüber hinaus wird diese Flucht das innere Gleichgewicht noch mehr zerstören, da es letztlich nicht wirklich möglich ist, vor seinen Gefühlen wegzulaufen.

Der Fluchttyp muß lernen, sich zu stellen, seine Gefühle auszuhalten und nach positiven Auswegen zu suchen, statt sich durch schädliche Verhaltensweisen selbst zu zerstören.

Der Kampftyp

Der Kampftyp ist ein Mensch mit starkem Willen. Er hat sein Leben in der Hand und lebt nach dem Motto: „Mein Wille geschehe."

Dieser Typ erkennt sehr genau, wenn er in einer Krise steckt, doch es fällt ihm nicht im Traum ein, sich seine Schwäche zuzugestehen. Er will immer die Zügel in der Hand behalten, und wenn das Schicksal ihn herausfordert, bietet er ihm die Stirn.

Die Gefahr dabei ist, daß es diesem Krisentypen kaum gelingen wird, das Positive und die Chance einer Krise zu erkennen, da er jedes Ereignis, zum Beispiel einen Verlust, als Angriff auf seine Person deuten wird.

Da der Kampftyp nicht dazu neigt, sich sein Leben leichtzumachen, kämpft er auch in Krisenzeiten mit aller Gewalt gegen seine Emotionen an. Bei seiner Suche nach Lösungen entscheidet er schnell – oft zu schnell. Entweder/oder – alles oder nichts, das ist seine Devise.

Wenn sein Partner die Trennung erwägt, kommt er ihm zuvor und wirft ihn aus dem Haus. In Partnerkrisen fordert er von sich selbst eine schnelle und, wenn nötig, harte Entscheidung. Den Loslösungsprozeß der eigenen Kinder sieht er ebenso als Angriff auf seine Person wie den Verlust seines Jobs. Er reagiert verärgert und neigt zuweilen zu aggressivem Verhalten.

Dem Kampftyp fehlt es, so eigenartig das klingen mag, an Mut. Es fehlt ihm der Mut, sich auf seine tieferen Gefühle einzulassen, und vor allem fehlt ihm der Mut, die Zügel aus der Hand zu geben und sich einer höheren Instanz anzuvertrauen. Das ist insofern bedauerlich, als dieser Typ eigentlich sehr viel Energien hätte, die er zur bewußten Krisenbewältigung gut gebrauchen könnte. Doch dazu müßte er lernen, wie man diese Energien sanfter und kreativer einsetzt, anstatt immer gleich mit dem Kopf durch die Wand zu wollen.

Wenn es dem Kampftyp gelingt, mehr Vertrauen in das Leben zu gewinnen, so kann er auch erkennen, daß die schwierige Situation, vor die er sich gestellt sieht, mehr erfordert als bloßen Kampfgeist. Durch das Vertrauen können diese Menschen dann auch die Chance der Lebenskrise erkennen, die für sie darin liegt, sich mehr Gedanken über ihr bisheriges Leben und die Umstände, die zur Krise geführt haben, zu machen und darüber hinaus auch über die Fehler im Umgang mit anderen, besonders aber auch im Umgang mit sich selbst, nachzudenken.

Der Resignationstyp

Der Resignationstyp ist das genaue Gegenteil vom Kampftypen. Er gehört zu den zartbesaiteten Menschen, die über wenig Willensstärke verfügen. Dieser Typ gibt sehr schnell auf. Schon im Alltag ist er kaum belastbar. Doch eine Lebenskrise überlastet ihn vollkommen, so daß er jeglichen Mut verliert.

Durch seine hohe Sensibilität ist dieser Typ sich der Krise sehr genau bewußt. Weder verdrängt er die Krise, noch flüchtet er vor ihr, weil es ihm für die Flucht an Energie mangelt. Noch weniger käme er aber auf die Idee, gegen sein Schicksal anzukämpfen.

Hingegen versinkt der Resignationstyp in Selbstzweifel und Mutlosigkeit, wenn er sich in einer schwierigen Situation befindet. Gerade bei Trennungen oder Verlusten reagiert er äußerst empfindlich. „Das werde ich nie schaffen!" ist seine Überzeugung angesichts der Belastungen, die die Krise mit sich bringt.

Wenn diesen Menschen ein großes Unglück widerfährt, werden sie oft krank. Sie legen sich ins Bett, weil die Krise ihnen jegliche Energie raubt, die sie benötigen würden, um ihren gewohnten Alltag fortzusetzen. Der Hang zum Fatalismus, die Einstellung, seinem Schicksal ohnmächtig ausgeliefert zu sein, birgt natürlich einige Gefahren in sich.

So wird der Resignationstyp nicht selten zu Depressionen neigen. Wenn diese Zustände der Resignation und Hoffnungslosigkeit so weit gehen, daß das weitere Leben sinnlos erscheint, kommt es nicht selten zu Suizidgedanken, die natürlich fatale Folgen haben können.

Der Resignationstyp muß lernen, die negativen Gefühle, die ihn niederdrücken, zu akzeptieren und sie als eine Stufe zu betrachten, die notwendig ist, um später Energie für die Krisenlösung freisetzen zu können. Gerade der Resignationstyp sollte dabei jedoch immer nach Hilfe suchen und sich überlegen, ob er sich nicht einem guten Freund oder einem Therapeuten anvertrauen sollte – einem Menschen also, der ihm dabei helfen kann, die Krise und den Zustand der Mutlosigkeit zu überwinden.

Der „Krisenliebhaber"

Eine weitere, gar nicht so seltene Art, mit Krisen umzugehen, besteht darin, daß wir die Krise zum Mittelpunkt unseres Lebens machen. Gerade Menschen, denen es an einer erfüllenden Arbeit und einer befriedigenden Partnerschaft mangelt und deren Leben relativ eintönig und langweilig verläuft, neigen dazu, sich in ihre Probleme beziehungsweise ihre Krise geradezu zu verlieben.

Der „Krisenliebhaber" spricht immerzu von „seiner Krise", in der er steckt, und er tut dies in übertriebener Weise. So wichtig es ist, seine Gefühle ehrlich zum Ausdruck zu bringen und sich einigen wenigen Menschen anzuvertrauen, so ungünstig ist es, mit jedem noch so entfernten Bekannten über seine intimsten Gefühle zu plaudern.

Durch die ständige Wiederholung, bei der er zum hundertsten Mal über seine Ängste und seine Enttäuschung spricht und in der er auch immer wieder auf seine ungünstigen Kindheitserlebnisse hinweist, die für die jetzige Misere mitverantwortlich zu machen seien, fällt der „Krisenliebhaber" in einen Mechanismus negativer Gedanken.

Im Grunde geht es ihm gar nicht darum, seine Krise auch wirklich zu lösen. Meist sind diese Menschen weniger an Lösungen als vielmehr an den Problemen an sich interessiert. So bleibt der „Krisenliebhaber" dann auch in der zweiten und dritten Krisenphase stecken, sehnt sich also immerzu nach den guten alten Zeiten zurück und bleibt vor allem unnötig lange in der emotionalen Phase gefangen.

Schauen wir noch genauer hin, sehen wir jedoch, daß die emotionale Beteiligung beim „Krisenliebhaber" gar nicht so groß ist, wie er es uns weiszumachen versucht, denn diese Menschen spüren die Krise im Grunde weniger, als daß sie sie denken und analysieren. Das heißt nicht, daß es schlecht wäre, über sich selbst nachzudenken, wohl aber, daß eine wirkliche Krisenbewältigung nur möglich ist, wenn wir auch handeln und es nicht verlernen, nach vorne zu blicken.

Beim „Krisenliebhaber" stoßen wir auf das interessante Phänomen, daß man vor einer Krise sogar fliehen kann, indem man sie allzu deutlich thematisiert und über nichts anderes mehr spricht als über die „tiefsten" Emotionen und das grausame Schicksal, das einem zuteil geworden ist.

Wie wir sehen konnten, gibt es sehr unterschiedliche Möglichkeiten, auf Krisen zu reagieren, und diese Möglichkeiten hängen davon ab, welcherart Krisentyp man ist.

Ebenso wie bei den Krisenphasen handelt es sich bei den Krisentypen aber auch nur um grobe Einteilungen. Da es nicht nur zahlreiche Mischformen der unterschiedlichen Krisentypen, sondern auch noch weitere Methoden im Umgang mit Krisen gibt, kommen wir auf eine unendliche Anzahl von Möglichkeiten, wie Menschen mit Krisen umgehen. Dennoch leiten sich sämtliche Variationen letztlich von den Grundprinzipien der fünf Krisenphasen und fünf Krisentypen ab.

Nichtsdestotrotz sollten Sie wach und bewußt genug sein, um Ihre ganz persönliche Situation genau zu betrachten und Ihre Krise nicht nur anhand der oben aufgeführten Grundprinzipien zu analysieren, sondern sie auch intuitiv zu erfassen.

Nur so können Sie sich für die vielen kleinen Veränderungen Ihrer Persönlichkeit, die Sie im Laufe einer Lebenskrise erfahren werden, öffnen und die Transformation bewirken, die Ihnen nach der Bewältigung der Krise das Gefühl gibt, „wie neu geboren" zu sein.

Lösungsstrategien – wie man Krisen überwindet

Bisher haben wir die wichtigsten Lebenskrisen besprochen und uns damit vertraut gemacht, welche verschiedenen Phasen in jeder Krise zu überwinden sind. Darüber hinaus haben wir gesehen, wie unterschiedliche Menschen mit Krisen umgehen – und wenn Sie sich die Beschreibung der fünf wichtigsten Krisentypen durchgelesen haben, werden Sie wahrscheinlich herausgefunden haben, welche der Beschreibungen am ehesten auf Sie zugetroffen hat.

Alle diese Betrachtungen haben uns dabei geholfen, wichtige Fehler zu vermeiden, Mechanismen zu durchschauen und zu verstehen, daß in jeder Krise immer auch eine große Chance für unsere Entwicklung steckt. Sie haben uns aber auch gezeigt, wie leicht es passieren kann, daß Krisen ein beträchtliches Maß an Streß in uns erzeugen und daß wir in jeder Krise auch immer gefährdet sind, unsere Mitte vollkommen zu verlieren, wenn der Streß zu groß wird.

Im folgenden wollen wir Sie deshalb noch mit einigen ganz konkreten Lösungsstrategien vertraut machen, die Ihnen dabei helfen sollen, Streß abzubauen und auf dem Weg aus der Krise ein gutes Stück voranzukommen. Dabei ist es nun nicht nötig, alle Anregungen und Tips auf einmal in die Tat umzusetzen – und abgesehen davon, wäre das wohl auch ein bißchen zuviel verlangt.

Obwohl es, wie wir noch sehen werden, in der Tat möglich ist, mit einfachen Techniken, Tips und Verhaltensweisen sehr viel dazu beizutragen, daß wir aus Krisen mit heiler Haut hervorgehen, wollen wir doch auch nicht so weit gehen, zu behaupten, daß das Lesen der folgenden Kapitel Sie aus Ihren Schwierigkeiten befreien wird.

Natürlich ist es wichtig, sich Zusammenhänge bewußt zu machen, und natürlich ist es sehr viel besser, wenn man weiß, was in einer Krise auf einen zukommt, als wenn man es nicht weiß. Doch das rein intellektuelle Erfassen der Problematik reicht für die Lösung leider noch nicht aus. Wenn wir wirkliche Fortschritte erzielen wollen, müssen wir auch damit beginnen, kleine Übungen zu machen und unser Verhalten ganz konkret zu verändern.

Leider ist es im allgemeinen ja wesentlich einfacher, Wahrheiten zu erkennen, als das Erkannte dann auch in die Praxis umzusetzen.

So wissen die meisten Raucher beispielsweise durchaus über die Gefahr, die vom Rauchen ausgeht, Bescheid, da wir heutzutage alle relativ gut über Schadstoffe informiert sind. Dennoch können die wenigsten mit dem Nikotingenuß aufhören, da das Erkennen der Schädlichkeit eben noch nicht ausreicht.

Was wir zusätzlich benötigen ist das Tun. Nur durch das Handeln gelingt es, schädliche Gewohnheiten abzulegen. Auch um Krisen zu lösen, müssen wir etwas tun, müssen wir aktiv werden. „Just do it" heißt es ja heute so schön – und tatsächlich ist es in vielen Fällen wichtig, einfach einmal einen Schritt zu tun, anstatt allzu vorsichtig vorzugehen und allzu lange zu zögern.

Oft deuten Krisen darauf hin, daß wir es bisher nicht geschafft haben, unsere alltäglichen Probleme mit uns selbst oder der Umwelt mit den richtigen Mitteln zu lösen. In einer Lebenskrise spitzt sich dann meist das zu, was schon seit langer Zeit ungelöst blieb. Vielleicht ist unsere Lebenskrise ja sogar die Folge vieler kleiner „Fehler" in unserem Verhalten, unserem Denken und unserer Art, unser Leben zu gestalten. Die Krise hilft uns dann dabei, den Kurs zu korrigieren und gründlich über unser bisheriges Leben nachzudenken. Wenn wir aber lange genug nachgedacht und gelitten haben, wird es irgendwann höchste Zeit, aufzubrechen, zu handeln und die Initiative zu ergreifen.

Wie Sie noch sehen werden, sind dazu keine großen Kraftanstrengungen nötig. Vielmehr geht es einfach nur darum, einige kleine Schritte in die richtige Richtung zu tun.

Wir können Ihnen im folgenden lediglich zeigen, wie diese Schritte aussehen könnten. Das heißt aber nicht, daß wir die Schritte auch für Sie tun können – denn den Weg aus der Krise können nur Sie selbst gehen. Auch heißt es nicht, daß es außer den angebotenen nicht noch mehr Möglichkeiten gibt, kreativ mit Lebenskrisen umzugehen, und deshalb wollen wir Sie zur aktiven Mitarbeit auffordern.

Niemand weiß so gut wie Sie selbst über Sie Bescheid. Niemand wird daher so genau spüren können, was Sie im jetzigen Moment brauchen, und niemand außer Ihnen kann den Kontakt zu Ihrer eigenen Mitte herstellen.

Lösen Sie Ihr Problem jetzt!

Es gibt nur einen Zeitpunkt, um Ihre Krise zu lösen, und das ist jetzt! Während Sie diese Zeilen lesen, müssen Sie damit beginnen, Ihre Probleme zu bewältigen. Wenn Sie es nicht heute tun, werden Sie es morgen nämlich auch nicht tun.

Versuchen Sie daher, sich bewußt zu machen, worin Ihr Hauptproblem im Moment besteht. Verdrängen Sie die Krise? Dann machen Sie sich jetzt bewußt, daß es Ihnen schlechtgeht, weil Sie tatsächlich etwas, das Ihnen sehr wichtig war, verloren haben.

Wenn Sie aber eher das Problem haben, daß Sie wegzulaufen versuchen, so machen Sie sich jetzt klar, daß Sie nicht weglaufen können. Es ist ja nicht so, daß Sie innen und die Krise außen wäre. Die Krise ist in Ihnen, und genaugenommen sind Sie sogar die Krise – wie wollen Sie also vor sich selbst weglaufen?

Wenn Ihr Problem darin besteht, daß Sie traurig oder enttäuscht sind, dann seien Sie einfach traurig oder seien Sie enttäuscht. Wehren Sie sich also nicht gegen diese Gefühle, lassen Sie sie zu, beobachten Sie sie, und tun Sie das in jedem Augenblick, in dem Ihnen bewußt wird, daß derartige Gefühle aus Ihrem Innersten auftauchen.

Wie auch immer also Ihr Problem geartet sein mag, schieben Sie nichts auf die lange Bank, denn dadurch lösen Sie gar nichts.

Sie wissen ja wie das ist. Morgen müssen wir zum Zahnarzt, und es graust uns vor der Spritze, vor dem Bohren, und überhaupt ist auch das Wetter viel zu schön, um beim Zahnarzt zu sitzen. Wir rufen also in der Praxis an und verschieben den Termin. Vielleicht wiederholt sich das Ganze noch ein paar Mal, und irgendwann müssen wir dann doch gehen – sei es, daß die Schmerzen zu groß werden, oder sei es, daß wir es nicht mehr verantworten können, unseren Zahnarzt immer wieder zu versetzen.

Natürlich ist das Loch im Zahn inzwischen größer geworden. Die Behandlung wird also länger dauern, wenn wir lange genug gewartet haben, benötigen wir vielleicht sogar eine Krone statt einer Füllung, und abgesehen davon ist das Wetter immer noch ausgezeichnet. Das einzige, was wir also bewirkt haben, ist, daß wir wahrscheinlich über einen sehr viel längeren Zeitraum daran denken mußten, bald zum Zahnarzt gehen zu müssen, was kein angenehmer Gedanke ist.

Sowenig wie schlechte Zähne dazu neigen, von selbst zu heilen, neigen psychische Probleme dazu, sich in Luft aufzulösen. Da diese Probleme unser inneres Gleichgewicht aber ebensosehr, wenn nicht noch mehr, als körperliche Symptome belasten, und weil sie Streß erzeugen, sollten wir die Lösung niemals aufschieben, sondern uns sofort an die Lösung machen.

Wenn Sie das Gefühl haben, daß Sie es nicht schaffen, auch nur einen kleinen Schritt zu tun, um eine positive Wandlung herbeizuführen, so können Sie immer noch einen Freund oder die Telefonseelsorge anrufen und eben doch einen Schritt tun, indem Sie über Ihre Schwierigkeiten sprechen.

Doch auch hier gilt: Tun Sie es nicht morgen oder nächste Woche, sondern tun sie es jetzt!

Wie man Fluchtmechanismen vermeidet

Wir haben bereits beim Thema Streß wie auch bei den fünf Krisentypen vom Problem der Flucht gesprochen. Wenn wir an dieser Stelle noch einmal auf die Fluchtmechanismen zurückkommen, so liegt das daran, daß die Flucht die mit Abstand häufigste Methode ist, mit Krisen umzugehen.

In der Tat werden die meisten von uns in Anbetracht einer Bedrohung alles daransetzen, so schnell wie möglich wegzulaufen. Wir haben ja bereits über die Flucht- und Kampfreaktion gesprochen, die schon in den Steinzeitköpfen einprogrammiert war und erheblich dazu beigetragen hat, die Menschheit zu erhalten.

Es ist ein ganz natürlicher Impuls, ja ein Instinkt, vor einer drohenden Gefahr die Flucht zu ergreifen. Doch so sinnvoll dieses Programm in Anbetracht des wilden Mammuts gewesen sein mag, vor dem wir uns dann ja auch verstecken konnten, so gefährlich ist es, vor seiner Krise zu fliehen, da es unmöglich ist, sich vor sich selbst zu verstecken.

Die schlechte Nachricht ist also, daß wir im Grunde nicht wirklich fliehen können. Die gute ist, daß wir sehr schnell mit unseren Problemen aufräumen können – und zwar ein für allemal –, wenn wir unseren Mut zusammennehmen und uns unseren Ängsten stellen.

Wir kennen ja inzwischen die häufigsten Fluchtmechanismen und wollen sie noch einmal zusammenfassen. Wenn wir fliehen wollen, können wir unter folgenden Möglichkeiten wählen:

- Flucht in den Alkohol
- Flucht in den Drogen-, Nikotin- oder Tablettenkonsum
- Flucht in die Arbeit
- Flucht in die Vergnügungen
- Flucht in die Krankheit
- Flucht in die Depression

Indem Sie sich genau beobachten, können Sie diese üblichen und leider weitverbreiteten Fluchtmechanismen durchbrechen. Wenn Sie also bemerken, daß Sie plötzlich mehr Alkohol trinken oder gegen Ihre Gewohnheiten wie wild zu arbeiten beginnen, wenn Sie nur noch „auf Achse" sind, von Kneipe zu Kino und von Kino zu Discothek hetzen, oder wenn Sie aufgrund einer Krise erkranken, sollten Sie sich einige Fragen stellen, die Ihnen dabei helfen können, sich von diesen schädlichen Reaktionen zu befreien. Diese Fragen können beispielsweise folgendermaßen lauten:

- Warum trinke (rauche, esse, arbeite) ich im Moment so viel? Was bringt mir dieses Verhalten? Kann es dazu beitragen, meine Probleme zu lösen?
- Welcher Art sind meine Probleme wirklich? Vor welcher Erkenntnis versuche ich davonzulaufen?
- Wovor habe ich Angst? Was glaube ich nicht aushalten zu können?
- Was steckt hinter meiner Krankheit, hinter meiner Depression?
- Vor welchen Gefühlen laufe ich davon? Ist es Angst? Enttäuschung? Wut? Eifersucht?
- Welche Charaktereigenschaften kann ich dazu einsetzen, um kreativ mit der Krise umzugehen? Entscheide ich mich für Stärke oder Schwäche, für Mut oder Flucht, für Vertrauen oder für Angst?

Es gibt noch zahlreiche weitere Fragen, die Sie sich stellen können, um herauszufinden, was Sie zur Flucht treibt und in welchen Bereichen Sie Fluchtmöglichkeiten finden. Dabei sind Ihrer Phantasie keine Grenzen gesetzt. Beantworten Sie sich die Fragen so ehrlich wie möglich. Wiederholen Sie diese Fragen auch immer wieder, bis Sie auf eine befriedigende Antwort stoßen.

Vor allem aber: Bleiben Sie wach. Beobachten Sie sich, schauen Sie Ihrem Verhalten, Ihren Gedanken und Gefühlen zu, und versuchen Sie, sich möglichst schon im Anfangsstadium der verschiedenen Fluchtmechanismen zu „ertappen".

Die Stufen der Überwindung

Sobald wir uns dazu entschlossen haben, unsere Krise bewußt zu lösen, und sobald wir dazu bereit sind, auf Fluchtmechanismen zu verzichten, können wir damit beginnen, die verschiedenen Stufen der Überwindung zu beschreiten.

Im folgenden werden wir Ihnen zeigen, wie einfach es ist, die Krise stufenweise zu bewältigen, sobald die nötigen Voraussetzungen dazu geschaffen wurden. Die Stufen der Überwindung beinhalten zugleich kleine Techniken beziehungsweise Übungen, die einfach durchzuführen sind.

Obwohl es günstig ist, ist es nicht unbedingt notwendig, die Stufen in der angegebenen Reihenfolge zu durchlaufen. Je nachdem, wo Sie selber stehen, werden Ihnen einige Anregungen wichtiger, andere unwichtiger erscheinen. Dennoch sollten Sie sich wenigstens ansatzweise mit jeder der folgenden Stufen beschäftigen und die Techniken in die Krisenbewältigung mit einbauen.

Das Problem akzeptieren

Auf der ersten Stufe geht es darum, die Krise zu akzeptieren. Jetzt müssen wir lernen, „Ja“ zur Krise zu sagen. Wir müssen uns entschließen, von nun an nicht mehr wegzulaufen, und müssen bereit sein, unsere Energie für die Krisenlösung zur Verfügung zu stellen.

Wenn Sie wirklich bereit sind, Ihr Problem zu akzeptieren, müssen Sie es zugleich sehr genau betrachten. Versuchen Sie dabei jedoch, einen gewissen Abstand zu Ihren Emotionen zu wahren. Bei dieser Übung geht es nicht darum, Ihre Emotionen auszudrücken, sondern lediglich darum, sich einzugestehen, daß etwas Schlimmes passiert ist.

Machen Sie sich bewußt, daß Sie älter werden, daß Ihr Leistungsvermögen nachläßt, daß Ihr Partner Sie verlassen hat, daß Sie an einer schweren Erkrankung leiden, Sie soeben Ihren Job verloren haben oder was sonst Ihr Problem sein mag.

Betrachten Sie die unvermeidliche Tatsache. Suchen Sie jetzt nicht nach Lösungen. Denken Sie nicht daran, wie es weitergehen soll oder wie Sie den Verlust ungeschehen machen können. Unabhängig davon, ob Ihr Partner zu Ihnen zurückkehrt oder ob Sie wieder gesund werden etc., ist die Tatsache doch erst einmal die, daß Sie in der Krise stecken.

Bei dieser Stufe geht es eher darum, sich verstandesmäßig auf sein Problem einzulassen, als die Gefühle aufzuspüren, die damit zusammenhängen. Das Akzeptieren der Tatsachen, die Einsicht, daß „es ist, wie es ist", hilft uns bereits, die Krise zu überwinden. Vielleicht können Sie in diese Betrachtungen sogar ein gewisses Maß an Gelassenheit oder Humor mit einfließen lassen, wodurch es Ihnen natürlich noch leichterfallen wird, die Lösung der Krise zu beschleunigen.

Die Ursachen erforschen

Bei der nächsten Stufe geht es darum, nach dem „Warum" zu fragen. Es handelt gilt also, das Problem inhaltlich auszudeuten, sich geistig mit seiner Lebenskrise auseinanderzusetzen und sie zu analysieren, wodurch die rationale Bewältigung erheblich erleichtert wird.

Entspannen Sie sich, blicken Sie auf Ihr Problem, und fragen Sie sich, wie es dazu kommen konnte, daß Sie in dieser Krise stecken. Sie können sich nun Fragen stellen wie

- Warum bin ich von meinem Partner verlassen worden?
- Weshalb habe ich Angst vor dem Älterwerden?
- Inwiefern hat sich die Krise, mit der ich es jetzt zu tun habe, bereits früher angebahnt?
- Welche Qualität hatte die Beziehung zum verstorbenen Freund/ Partner etc.?
- Was hat dazu beigetragen, daß ich meine Arbeit verloren habe?
- Wieso ist das Alleinsein für mich zur Krise geworden?
- Warum ist mir meine Attraktivität so sehr wichtig, und woher kommt die Panik vor dem Verlust meiner Schönheit?

Versuchen Sie, diese und ähnliche Fragen möglichst spontan und aufrichtig zu beantworten. Überlegen Sie sich, inwiefern die Krise durch Ihr eigenes Verhalten und inwiefern Sie durch das „Schicksal“ ausgelöst wurde. Vielleicht sind auch andere Menschen an Ihrer Situation „schuld“?

Versuchen Sie, möglichst viele Auslöser für die Krise zu finden, und scheuen Sie sich auch nicht, eigene oder fremde Fehler anzuerkennen.

Vermeiden Sie es aber, jemandem die Schuld für Ihre Situation zu geben. Es geht hier nicht um Schuldzuweisungen, sondern darum, vergangene Fehler und Schwächen aufzudecken, sich gleichzeitig aber bewußt zu machen, daß diese Unzulänglichkeiten ebenso eine Tatsache sind wie die Krise und daß sie als solche akzeptiert werden müssen.

Sie sind nie das Opfer

Auf dieser Stufe der Überwindung geht es darum, sich deutlich klarzumachen, daß Sie nicht das Opfer der Umstände sind. Selbst dann, wenn sehr schlimme Dinge passiert sind, wenn beispielsweise jemand gestorben ist, den Sie sehr liebten, wäre es fatal, daran zu glauben, daß Sie das Opfer eines Schicksals sind, das sich gegen Sie verschworen hat.

In dem Moment, in dem Sie sich Ihrem Schicksal ohnmächtig ergeben oder die anderen beschuldigen, für Ihre schwierige Situation verantwortlich zu sein, berauben Sie sich jeglicher Möglichkeiten, die Krise bewußt zu lösen.

Im Grunde haben Sie zu jedem Zeitpunkt der Krise die Möglichkeit einzugreifen, Ihre Perspektive zu verändern, die Zusammenhänge zu durchschauen und dadurch in verantwortlicher Weise mit Ihrem Problem umzugehen.

Natürlich ist es einfacher, dem „bösen Schicksal“, dem Partner, den Kindern, dem Chef oder dem Virus die Schuld zuzuweisen und sie für das eigene Unglück verantwortlich zu machen. Doch die Gefahr ist groß, daß wir damit die Zügel aus der Hand geben und uns als Opfer sehen, die keinen Einfluß auf ihr eigenes Leben haben.

Auf dieser Stufe sollten Sie sich überhaupt damit zurückhalten, von Schuld zu sprechen. Sehen Sie den Tatsachen ins Auge. Gehen Sie aber auch mit sich selbst vorsichtig um. Auch wenn Sie vielleicht das Gefühl haben, an den Ereignissen schuld zu sein, sollten Sie doch auch bedenken, daß Sie nicht anders handeln konnten, als es Ihnen aufgrund Ihres damaligen Bewußtseins und Ihrer damaligen Reife möglich war und daß Sie Ihre Fehler sicherlich nicht vorsätzlich begangen haben. Sie können die Vergangenheit nicht mehr ändern, wohl aber können Sie sehr viel tun, um sich selbst jetzt zu verändern und in Zukunft vieles von dem, was Sie bisher vielleicht falsch gemacht haben, wiedergutzumachen.

Die Regie übernehmen

Wenn Sie erkannt haben, daß Sie in einer Krise stecken, und wenn Sie wissen, welche Ursachen dazu beigetragen haben, daß es so kommen konnte, wie es kam, wenn Sie gleichzeitig aber auch vermeiden, nach dem Schuldigen zu suchen, können Sie jetzt auf der nächsten Stufe damit beginnen, die „Regie zu übernehmen".

Nur Sie ganz alleine sind für Ihr Leben verantwortlich. Und wenngleich es natürlich stimmt, daß bestimmte Umstände erheblich dazu beitragen können, daß wir in eine Krise stürzen, kommt es doch immer noch sehr darauf an, wie wir auf diese Umstände reagieren. Wenn wir schon die äußeren Umstände nicht ändern können, so können wir wenigstens unsere Reaktionen beeinflussen.

Wenn Sie sich nun auf dieser Stufe der Krisenbewältigung dazu entscheiden, die Zügel in die Hand zu nehmen, befreien Sie sich von allen Mechanismen und Automatismen, denen Sie bisher unterworfen waren.

So wie ein Regisseur sich Gedanken über den Verlauf der nächsten Filmszene macht, sollten Sie sich jetzt überlegen, wie Ihre nächsten Schritte aussehen werden und was Sie gerne verändern möchten, um den „Film Ihres Lebens" schöner und freier zu gestalten.

Für welche Gefühle möchten Sie sich öffnen? Mit welchen Menschen wollen Sie mehr Zeit verbringen? Welche Möglichkeiten gibt es, mit mehr Kreativität und Lust zu leben? Welche automatischen Reaktionen, die Sie bisher zum Opfer gemacht haben, möchten Sie von nun an bewußt unterbinden?

Wenn Sie die Regie übernehmen, heißt das natürlich, daß Sie bewußt zwischen „Ja" und „Nein" entscheiden müssen. Nehmen Sie sich dabei jedoch genug Zeit und Ruhe, um in sich hineinzuhorchen und Ihre Entscheidungen zu treffen.

Denken Sie sich frei!

Gedanken sind Energien, die unser ganzes Leben verändern können. Manche Gedanken stören unser Gleichgewicht, andere helfen uns dabei, schwierige Situationen zu überstehen. Gerade wenn wir uns plötzlich in einer Lebenskrise wiederfinden, sollten wir die enorme Macht, die von unseren Gedanken ausgeht, auf keinen Fall unterschätzen.

Unsere Gedanken haben direkten Einfluß auf unsere Gefühle und sogar auf unseren Körper. Ebenso wie heilende Gedanken Körper und Seele fördern, schädigen zerstörerische Gedanken unser körperlich-seelisches Gleichgewicht.

Sicherlich ist Ihnen bekannt, daß verschiedene Menschen auf die gleiche Situation sehr unterschiedlich reagieren können. Der eine mag schon wütend werden, wenn die Bedienung mit dem bestellten Cappuccino „zu lange" braucht oder wenn die Ampel auf Rot schaltet, bevor er es geschafft hat, die Kreuzung zu überqueren. Anderen Menschen würde es nicht im Traum einfallen, sich über derlei Lächerlichkeiten aufzuregen, und sie bleiben selbst dann noch recht gelassen, wenn ihr Partner ihnen eröffnet, daß er sich soeben in einen anderen Menschen verliebt hat.

In der Tat entscheiden ausschließlich unsere Gedanken über die Bedeutung, die wir krisenhaften Situationen beimessen. Obwohl es natürlich ein Unterschied ist, ob unser Partner beabsichtigt, uns zu verlassen, oder ob die Ampel in einem ungünstigen Moment auf Rot schaltet, entscheidet letztlich doch immer auch die Bedeutung, die wir den Ereignissen beimessen, über das Maß unseres Leids beziehungsweise über die Schwere der Krise.

Konzentrieren wir uns auf negative Gedanken, denken wir also nur an den Verlust, sehen wir uns als Opfer oder denken wir, daß wir es niemals schaffen werden, diese Belastungen zu ertragen, so werden wir natürlich sehr viel mehr Probleme haben, als wenn wir versuchen, auch die Chancen zu erkennen, vielleicht sogar gewisse Vorteile zu sehen, die die Krise mit sich bringt, und fest daran zu glauben, daß wir stark genug sein werden, die schwierige Situation letztlich zu überwinden.

Wenn Sie Ihre Krise lösen möchten, so überprüfen Sie Ihre Gedanken. Wie denken Sie über Ihr Schicksal? Denken Sie nur an die schrecklichen Aspekte der Krise, haben Sie nur den Abgrund vor Augen, und sehen Sie völlig schwarz?

Aus der Schule des positiven Denkens wissen wir, daß es möglich ist, unsere Gedankenmuster umzuprogrammieren. Gerade in Krisenzeiten lohnt es sich sehr, sich dieser Muster bewußt zu werden und negatives Denken so oft wie möglich durch positive Gedanken zu ersetzen.

Im positiven Denken wird mit Affirmationen, also mit positiven Aussagen gearbeitet, wie beispielsweise: *„Ich bin ganz ruhig und entspannt und bleibe gelassen, egal was passiert“*, beziehungsweise *„Ich bleibe mit meiner Mitte verbunden“* oder *„Ich verlasse mich auf die Kraft meiner Seele, die die Lösung bereits kennt“* usw.

Obwohl diese Affirmationen „funktionieren“, das heißt, obwohl wir unser Unterbewußtsein mit positiven Gedanken programmieren können, besteht das Problem dabei darin, daß viele Menschen dazu neigen, ihre negativen Gefühle zu unterdrücken und sich ausschließlich mit dem positiven Denken zu beschäftigen. Unsere Ängste, unsere Verzweiflung, unsere Sorgen usw. sind aber zunächst einmal eine Realität, die wir nicht einfach verleugnen können.

Die Voraussetzung dafür, daß wir uns durch positive Gedanken beeinflussen, ist daher zunächst einmal, daß wir unsere negativen Gedanken und auch Gefühle – man könnte auch sagen unsere Schattenaspekte – sehr genau erkennen.

Kein Arzt wird auf die Idee kommen, uns irgendein beliebiges Medikament zu verschreiben, solange er nicht die geringste Ahnung hat, woran wir überhaupt leiden. Der erste Schritt muß daher immer das Beobachten des eigenen Inneren sein. Erst wenn Sie wirklich entdeckt haben, daß Sie zum Beispiel immerzu denken: „Ich werde nie mehr einen neuen Job finden“ oder „Ich werde jetzt immer alleine leben müssen“, können Sie Gegenimpulse setzen, indem Sie Sätze wie „Ich werde eine neue Arbeit (einen neuen Partner, neue Freunde etc.) finden“ denken und sich diese Sätze in einem entspannten Zustand immer wieder vorsagen.

Dabei können Sie sich diese Affirmationen zunächst laut vorsagen. Später genügt es dann, sie anschließend nur noch zu denken, also sie innerlich zu wiederholen.

Eine weitere Gefahr des positiven Denkens, wie es üblicherweise gelehrt wird, ist die, daß man dazu neigt, recht mechanisch vorzugehen. Man entspannt sich, wiederholt den Satz sehr langsam einige Male, und das war's dann. Obwohl wir unser Unterbewußtsein durch dieses relativ monotone Vorgehen zwar durchaus erreichen, wäre es doch oft besser, die eigenen negativen Gedanken immer dann zu verändern, wenn wir im Alltag das Gefühl haben, daß es in der momentanen Situation günstig wäre, anders zu denken. Dazu müssen wir aber kreativ sein und intelligent vorgehen.

Wenn wir zum Beispiel das Gefühl haben, daß unser Bauch dem allgemein herrschenden ästhetischen Empfinden nicht gerecht wird und wir uns wieder einmal bei Gedanken ertappen wie: „O Gott, dieser Bauch. Ich sehe ja wieder mal schrecklich aus. Wie soll das nur weitergehen?“, könnten wir unsere Gedanken einfach einmal in die Richtung verändern, daß wir denken: „Nun gut, mein Bauch ist etwas dick, aber es gibt viele Menschen, die noch viel dicker sind, aber trotzdem leben und glücklich sind. Warum sollte ich also mein Glück von meinem Bauch abhängig machen?"

Das heißt natürlich nicht, daß Sie dann nie wieder eine Diät machen sollten, wohl aber, daß es manchmal sehr günstig ist, sich selbst nicht allzu wichtig zu nehmen. Vor allem heißt es aber, Sie erkennen, daß Ihr Glück nicht von Ihrem Aussehen abhängig sein muß und daß es zum Beispiel wesentlich wichtiger ist, ihren Körper zu spüren, sich mit ihm zu versöhnen und entspannt auf andere Menschen zuzugehen, ohne immerzu Angst vor deren Wertungen zu haben, die übrigens oft die Folge der eigenen Wertungen sind.

Wir müssen uns sehr genau bewußt machen, wie unsere Art zu denken unser Leben beeinflußt. Negative Gedanken erzeugen negative Gefühle, vor allem aber erzeugen sie Streß. Tatsächlich ist die Ursache für Streß nämlich sehr oft in unserem Kopf zu suchen.

Nicht der Verlust des Partners an sich verursacht den Streß (denn immerhin gibt es Menschen, die heilfroh wären, wenn ihr Partner das Weite suchen würde), sondern unsere gedankliche Reaktion verursacht den Streß, also der Moment, in dem wir sagen: „O Gott, mein Partner verläßt mich! Wie schrecklich – ich Armer!"

Natürlich gibt es schlimme Ereignisse im Leben, und nicht immer wird es uns gelingen, „aus der Zitrone eine Limonade zu machen". Dennoch sollten wir sehr wach auf unser Denken blicken und spätestens dann eingreifen, wenn wir bemerken, daß wir in negativen Gedankenmechanismen, die sich immerzu wiederholen, steckenbleiben und uns folglich nicht mehr weiterentwickeln.

Die Chance erkennen

Auf dieser Stufe der Krisenbewältigung geht es darum, seine Konzentration auf die Chance zu richten, die die Krise für unser Wachstum beinhaltet.

Wie wir inzwischen wissen, wird uns jede Lebenskrise verwandeln. Dabei kann es entweder sein, daß wir „verlieren" oder „gewinnen“, das heißt, daß wir entweder vor der Krise kapitulieren, Alkoholiker werden, chronische Erkrankungen entwickeln oder uns gar das Leben nehmen oder aber, daß wir bewußter, stärker, gereifter und gelassener aus der Krise hervorgehen.

Gerade in der akuten Krisenphase, wenn die Emotionen mit uns durchgehen und wir sehr an unserem Schicksal leiden, ist es sehr schwierig, die Chancen der Krise zu erkennen.

In der vierten Phase der Krise, in der wir nach Lösungen suchen, ist es aber durchaus möglich, sich für diese Chancen zu öffnen. Wir wissen ja bereits, daß Entwicklungskrisen wie die Pubertät, Alterskrisen, die Wechseljahre, Midlife-crisis usw. unvermeidbar sind, da sie mit unserem inneren Wachstum zusammenhängen.

Ebenso finden wir aber auch in schicksalhaften Ereignissen Chancen für eine Verwandlung und Reifung unserer Persönlichkeit. Wenn unsere Kinder aus dem Haus gehen, können wir uns endlich mehr mit uns selbst beschäftigen und sind von familiären Pflichten weitgehend befreit. Ähnliches gilt, wenn wir durch den Verlust unseres Partners plötzlich auf uns allein gestellt sind und wir nun lernen können, unser Leben selbst in die Hand zu nehmen, anstatt uns immer auf die Stütze zu verlassen, die uns natürlich auch abhängig macht.

Auch eine Krankheit kann uns die Gelegenheit bieten, den Anforderungen und Mechanismen des Alltags für eine Weile den Rücken zu kehren, um zu uns selbst zurückzufinden. Während wir uns auf die Genesung unseres Körpers konzentrieren, was Zeit erfordert, können wir uns auch viele Gedanken über unser bisheriges Leben, über unsere Beziehungen, unsere Arbeit, unsere Wünsche und Träume machen. Ohne die Krankheit wäre dies vielleicht nicht möglich, da uns der Abstand fehlen würde.

So gibt es in jeder schwierigen Situation immer auch positive Aspekte, und nun geht es darum, herauszufinden, wo genau die Möglichkeiten für uns liegen.

Wenn wir nicht auf die Flucht- und Verdrängungsmechanismen hereinfallen, unser Problem weitgehend akzeptiert, negative Gefühle ausgedrückt und uns dazu entschlossen haben, unser Leben in die eigene Hand zu nehmen, sollten wir damit beginnen, über die Chance der Krise nachzudenken. Dabei kann es uns wieder helfen, wenn wir uns für einige Zeit zurückziehen, uns entspannen und uns einige Fragen stellen. Diese Fragen können beispielsweise folgendermaßen lauten:

- Wozu zwingt mich die Krise?
- Was verändert sich durch die schwierige Situation, in der ich gerade stecke, in meinem Leben?
- Worin genau besteht der Verlust, und worauf muß ich künftig verzichten?
- Welche Kräfte muß ich in mir entwickeln, um diesen Verlust auszugleichen oder die Krise zu überwinden?
- Welche Aspekte meiner Persönlichkeit habe ich bisher vernachlässigt, auf die die Krise mich aufmerksam macht?
- Welche verborgenen Wünsche konnte ich mir in meinem Leben bisher nicht erfüllen? Wäre es vielleicht gerade jetzt an der Zeit, hier einiges nachzuholen?

Wenn Sie sich diese und ähnliche Fragen aufrichtig beantworten, werden Sie aus Ihrem Inneren sehr bald Antwort erhalten. Sobald Sie die Chance, die sich Ihnen jetzt bietet, zu erkennen beginnen, müssen Sie sich bewußt entscheiden, ob Sie diese Chance zur Wandlung auch wirklich nützen möchten. Meistens ist das Erkennen der Chance aber zugleich ein Zeichen dafür, daß der Erkennende auch bereit ist, „Ja“ zu seiner Krise und vor allem zu der Chance, die sich ihm bietet, zu sagen. Oft ist es dann nur noch eine Frage der Zeit, bis die Krisenlösung gelungen ist.

Werte überprüfen

Jede Krise fordert uns dazu auf, unsere bisherigen Werte zu überprüfen. Auf dieser Stufe der Krisenbewältigung geht es nun darum, sich bewußt zu machen, was einem bisher im Leben besonders wichtig war. Gleichzeitig müssen wir herausfinden, ob die Krise hier nun einiges verändert hat. Meistens wird eine Lebenskrise nämlich zur Folge haben, daß wir plötzlich einige Aspekte unseres Lebens für sehr viel unwesentlicher, andere für wesentlicher erachten, als dies vor der Krise der Fall war.

Dieser Prozeß wandelnder Werte beginnt schon sehr früh. Schon in der Trotzphase, spätestens aber in der Pubertät wird den meisten bewußt, daß die Werte, die ihre Eltern als wichtig erachten, nicht unbedingt auch für sie wichtig sind. Vielleicht mag es den Jugendlichen durch die Pubertätskrise plötzlich sehr wichtig erscheinen, mit ihrer Clique zusammenzusein, Moped zu fahren und in Discos, auf Technopartys und in Rauschzuständen vor dem zu fliehen, was ihnen zunehmend verhaßt ist, also etwa die „Spießigkeit" und Engstirnigkeit der eigenen Eltern oder die Brutalität einer einseitig am Materiellen orientierten Gesellschaft.

Doch auch in späteren Lebenskrisen, bei Trennungen, Todesfällen, eigener Erkrankung, Sinnkrisen usw. werden bisherige Werte immer wieder in Frage gestellt, und dieser Prozeß ist sehr heilsam. Nicht selten entdeckt da jemand, daß er seine Energie und Lebenskraft jahrzehntelang dafür eingesetzt hat, viel Geld zu verdienen, sich mit Statussymbolen zu befriedigen und sich die Anerkennung seiner Kollegen zu holen. Und plötzlich ist die Krise da, und alles erscheint vollkommen sinnlos und leer. Vielleicht erkennt man jetzt, daß es besser gewesen wäre, mehr zu lieben, zu malen, weniger zu arbeiten, weniger Geld zu verdienen und sich beispielsweise mehr um seine Gesundheit, seiner Hobbys oder seine Familie zu kümmern.

So ernüchternd die Zerstörung der alten Werte sein mag und sosehr sie den Betroffenen auch schockieren kann, ist sie doch die einzige Möglichkeit, seinen Kurs zu korrigieren und sich von nun an verstärkt für das einzusetzen, was einem wirklich wichtig erscheint.

Wir hören immer wieder von Menschen, die berichten, daß sie ihren Lebenssinn erst dann finden konnten, als alles schon verloren zu sein schien. Wer in der Krise nicht aufgibt, sondern seine Chancen erkennt und bewußt annimmt, der hat die besten Voraussetzungen, von nun an ein wesentlich erfüllteres Leben zu führen.

Bei der jetzigen Übung geht es darum, Bilanz zu ziehen und herauszufinden, was uns wirklich wichtig erscheint. Dazu können wir entweder frei über dieses Thema nachdenken oder uns wieder gezielte Fragen stellen. Diese könnten beispielsweise lauten:

- Wofür habe ich bisher gelebt?
- Was war mir immer besonders wichtig?
- Inwiefern hat die Krise meine Auffassung verändert?
- Welchen Sinn habe ich in meinen bisherigen Betätigungen, meiner bisherigen Partnerschaft usw. gefunden?
- Was ist in dieser Zeit zu kurz gekommen?
- Wonach sehne ich mich im Grunde meines Herzens?
- Was würde ich verändern, wenn ich noch einmal von vorn beginnen könnte?
- Was hindert mich daran, noch heute damit zu beginnen, mich um die Dinge zu kümmern, die mir jetzt wichtig erscheinen?

Abschied vom Alten – einen Schlußstrich ziehen

Im Verlauf einer jeden Krise kommt irgendwann einmal der Zeitpunkt, da wir die Schwelle zu einem neuen Leben überschreiten müssen. Auf dieser Stufe geht es darum, sich vom Alten zu verabschieden. Meist ist es erst in der fünften Krisenphase, der Phase der Neuorientierung möglich, diesen Schritt mit aller Konsequenz zu tun.

Wenn wir unsere Probleme wirklich meistern wollen, müssen wir Lebewohl sagen. Wir müssen uns, so schwer es uns auch fallen mag, von der Vorstellung befreien, daß unser Partner zu uns zurückkehren wird, daß unsere Jugend zurückkommen wird, daß die Attraktivität unserer jungen Jahre, unsere Kinder oder unsere verlorene Arbeit „zurückkommen" werden.

Auf dieser Stufe geht es aber nicht nur darum, sich zu verabschieden, sondern auch darum, bewußt „Ja" zu seiner Zukunft zu sagen. Wir müssen also lernen, nach vorne zu blicken, uns auf das Neue einzulassen und uns sogar auf die Veränderungen, die nun stattfinden werden, zu freuen.

Die Voraussetzung dafür, daß dies gelingt, besteht aber darin, daß wir Frieden mit dem Gestern schließen. Vielleicht hat die Krise sehr extreme Gefühle in uns hervorgerufen. Vielleicht haben die Wut und der Haß uns verbittert und vielleicht hat die Verzweiflung unsere persönliche Kraft geschwächt. Doch nun ist es höchste Zeit, mit alldem aufzuräumen.

Wir sollten erkennen, daß alles letztlich so gekommen ist, wie es kommen mußte. Wir dürfen uns an das Schöne und Wertvolle, das wir verloren haben, zurückerinnern – doch statt nun ewig zu trauern, sollten wir versuchen, dankbar für die Zeit zu sein, die uns geschenkt worden ist.

Vor allem aber gilt es, nicht stehenzubleiben, sondern seinen Weg weiterzugehen. Es sind noch viele Menschen kennenzulernen, es ist noch vieles, was wir für uns und andere tun können, es gibt noch viele Aufgaben und viele Möglichkeiten, kreativer, bewußter, liebevoller und sinnvoller zu leben. Deshalb müssen wir jetzt einen Schlußstrich ziehen und mit unserem bisherigen Leben abschließen. Doch tun wir es nicht mit Haß und Selbstmitleid, sondern mit innerer Kraft, erhobenen Hauptes und mit einem Lächeln auf den Lippen.

Nur wenn wir damit aufhören, im Vergangenen „herumzubohren", können alte Wunden heilen – und nur so können wir das Neue, das bereits auf uns wartet, auch wirklich bejahen.

Hilfe von außen – Therapien, Freunde, Kurse

Wie wir sehen konnten, gibt es sehr viele Möglichkeiten, kreativ mit seinen Krisen umzugehen. Wir können sehr viel tun, um unser Leben wieder zu normalisieren und unsere Krise zu überwinden. Und obwohl es grundsätzlich jedem möglich ist, sich selbst zu helfen, ist es manchmal doch sehr viel einfacher, nach Hilfe von außen zu suchen.

Gerade wenn wir sehr leiden und nicht mehr weiter wissen oder wenn wir gar darüber nachdenken, uns das Leben zu nehmen, besteht die einzig vernünftige und sinnvolle Lösung darin, Hilfe von außen in Anspruch zu nehmen.

Denken Sie daran, daß es Ihr gutes Recht ist, Therapien in Anspruch zu nehmen. Niemand käme auf die Idee, mit einer akuten Blinddarmentzündung im Bett zu bleiben und abzuwarten, was passiert. Doch leider gibt es immer noch sehr viele Menschen, die glauben, eine akute Depression allein in den Griff zu bekommen, was aber leider kaum möglich ist. Genauso wie unser Körper Hilfe braucht, wenn er krank geworden ist, braucht auch unsere Seele Hilfe, wenn sie in Not ist.

Niemand braucht sich vor einer Therapie zu scheuen. Eine Therapie ist nichts anderes als eine Hilfe, eine Heilbehandlung, etwas, das uns weiterhilft. Wir brauchen keine Angst vor professioneller Hilfe zu haben. Ein Psychologe ist lediglich jemand, der mit den Nöten der menschlichen Seele und besonders mit den Belastungen, die in Krisen auftreten, bestens vertraut ist. Ein Psychologe oder Therapeut ist aber auch jemand, der Ihnen dabei helfen wird, Ihre Krise zu lösen und Sie von Ihren Belastungen und Sorgen zu befreien.

Auch der finanzielle Aspekt spielt keine Rolle, denn wenn Sie wirklich das Gefühl haben, daß Sie nicht mehr weiterwissen, brauchen Sie sich nur mit Ihrem Hausarzt in Verbindung zu setzen. Er wird Ihnen dann dabei helfen, einen geeigneten Psychologen beziehungsweise Psychotherapeuten zu finden. Die Kosten dafür trägt die Krankenkasse, sofern der behandelnde Psychotherapeut eine Ausbildung in Pychoanalyse, Verhaltenstherapie oder tiefenpsychologisch orientierter Therapie hat und Ihr Arzt die Therapie befürwortet, was in Anbetracht Ihrer Lebenskrise kein Problem darstellen dürfte.

Abgesehen vom klassischen Weg über den Hausarzt gibt es aber in jeder Großstadt zahlreiche Institutionen, die es sich zur Aufgabe gemacht haben, uns in Krisensituationen weiterzuhelfen. Ein Blick ins Telefonbuch genügt hier oft. Sie können die Telefonseelsorge anrufen, psychologische Beratungsstellen aufsuchen und sich natürlich auch an Ihre Krankenkasse oder aber an katholische oder evangelische Seelsorger wenden.

Je nachdem, in welcher Krise Sie stecken, gibt es auch noch einmal unterschiedliche Ansprechpartner. Pro Familia hilft Ihnen beispielsweise bei familiären und Partnerschaftsproblemen, bei ungewollten Schwangerschaften usw. Hingegen beraten Sie Drogenberatungsstellen oder die Anonymen Alkoholiker und zahlreiche weitere Einrichtungen, wenn Sie in eine Sucht zu gleiten drohen beziehungsweise schon in einer stecken.

Darüber hinaus gibt es viele unterschiedliche Selbsthilfegruppen und auch eine stattliche Anzahl von Psychologen und Psychotherapeuten, die manchmal gleichzeitig auch Ärzte sind. In schweren Fällen wird es manchmal vielleicht auch notwendig sein, medikamentös einzugreifen und die psychotherapeutische Behandlung einer gefährlichen akuten Krisenphase durch den Einsatz von Psychopharmaka oder Beruhigungs- beziehungsweise Schlafmitteln zu unterstützen. Dabei gilt aber, daß diese Mittel wirklich nur in Ausnahmefällen verschrieben werden sollten, da sie langfristig viele neue Probleme schaffen können, was absolut nicht wünschenswert ist.

Wenn Sie sich eher zu alternativen Therapien hingezogen fühlen, als sich an staatliche, städtische und kirchliche Institutionen zu wenden, so stehen Ihnen auch hier zahlreiche Zentren, Heilpraktiker, Atemtherapeuten, Gesprächstherapeuten usw. zur Verfügung. Die Adressen können Sie im „Alternativen Branchenbuch“ ausfindig machen. Obwohl Einzelsitzungen um so empfehlenswerter sind, je schlechter es einem geht, kann man auch Gruppen, Kurse oder Seminare besuchen, die die Lösung der jeweiligen Krise unterstützen.

So wichtig es ist, sich die Hilfe zu holen, die man braucht, ist doch auch ein gewisses Maß an Vorsicht geboten. Am besten wäre es, sich auf seriöse Quellen zu verlassen beziehungsweise einen Therapeuten aufzusuchen, der Ihnen von Freunden oder Bekannten empfohlen worden ist. Das Vertrauensverhältnis zwischen Patient und Therapeut ist für den Erfolg der Therapie entscheidend. Wenn Sie daher das Gefühl haben, daß der von Ihnen aufgesuchte Therapeut absolut nicht zu Ihnen paßt, sollten Sie zu einem anderen wechseln. Allerdings sollten Sie bedenken, daß Konflikte mit dem Therapeuten Bestandteil einer Therapie sein können – dies ist in den analytisch orientierten Therapien als „Übertragung" bekannt. Schließlich kann es in einer Therapie nicht darum gehen, daß der Therapeut ja und amen zu allem sagt, was der Klient vorbringt. Alles in allem sollten Sie sich jedoch bei Ihrem Therapeuten gut aufgehoben und geborgen fühlen können, auch wenn es darum geht zu lernen, wieder auf eigenen Beinen zu stehen.

Vergessen Sie nicht, daß eine Therapie in erster Linie ein Angebot an Hilfesuchende darstellt, sich selbst zu helfen. Ebensowenig wie die hier aufgeführten Lösungsstrategien wird eine Therapie Sie von heute auf morgen von Ihrem Leiden befreien. Wohl aber wird sie verhindern, daß Krisen einen chronischen Verlauf nehmen.

Wenn Sie die Hilfe von außen immer auch als Hilfe zur Selbsthilfe sehen, werden Sie einerseits erheblich dazu beitragen können, die schwierige Situation zu meistern, andererseits werden Sie es dadurch vermeiden, in Abhängigkeiten hineinzurutschen.

Natürlich ist es nicht in jedem Fall notwendig, einen professionellen Therapeuten zu Rate zu ziehen. Viele Menschen vertrauen sich in Krisenzeiten lieber einem guten Freund oder ihrem Partner an, was den Vorteil hat, daß ein jahrelanges Vertrauensverhältnis und die „gemeinsame Wellenlänge" sehr dazu beitragen, sich zu öffnen und ehrlich über die eigenen Gefühle sprechen zu können.

Auch regelmäßige offene Gespräche mit unserem „Vertrauten" sind eine Art der Therapie. Allein durch den Austausch werden wir die verschiedenen Aspekte unserer Krise besser erkennen und dann auch leichter lösen können. Tatsächlich kann es aber auch im wahrsten Sinne des Wortes „erlösend" sein, sich bei einem Freund oder seinem Partner auszuweinen.

Obwohl Sie bei diesem Austausch sehr intuitiv vorgehen können, wird es doch hilfreich sein, Ihren „Privattherapeuten" darum zu bitten, einige Spielregeln einzuhalten. Bitten Sie Ihren Freund vor allem darum,

- daß er Ihnen zunächst einfach nur zuhört, ohne zu sprechen,
- daß er erst einmal darauf verzichtet, Ihnen kluge Ratschläge zu erteilen oder seine Sicht der Dinge auszudrücken,
- daß er sich für Ihr Problem öffnet und Ihnen genug Zeit läßt, die richtigen Worte zu finden,
- daß er Sie, falls Ihr Vertrauensverhältnis dies zuläßt, auch einmal in den Arm nimmt,
- daß er sich darauf gefaßt macht, daß starke Gefühle in Ihnen aufsteigen könnten,
- daß er auch seine Sicht der Lage äußert, sobald Sie ihn darum bitten.

Bedenken Sie, daß es Ihren Partner vielleicht auch belasten wird, wenn er ausschließlich Ihre Trauer oder Verzweiflung zu spüren bekommt, aber keinerlei positive Rückmeldungen erhält. Wenn Ihnen die Gespräche helfen, sagen Sie es bitte auch! Wenn nicht, ist es sinnvoller, einen professionellen Therapeuten aufzusuchen.

Übrigens kann es sicher nicht schaden, dem oder der Vertrauten Ihrer Wahl mehr über die Krisenlösungsstrategien mitzuteilen, damit er/sie weiß, womit Sie sich derzeit beschäftigen, und wer weiß – vielleicht kann auch Ihr Freund oder Ihre Freundin früher oder später von einigen der Techniken profitieren.

Bachblütentherapie in Lebenskrisen

Eine weitere äußere Hilfe, die wir entweder zusätzlich oder auch alternativ zu einer Psychotherapie und den krisenlösenden Techniken anwenden können, finden wir in der Bachblütentherapie. Wir haben ja bereits kurz über die Möglichkeit gesprochen, daß wir uns in schwierigen, ja oft ausweglos erscheinenden Situationen nicht nur an Selbsthilfegruppen oder Psychotherapeuten, sondern auch an alternative Therapeuten oder Heilpraktiker wenden können.

Gerade die Bachblütentherapie, die von zahlreichen Heilpraktikern und alternativen Therapeuten angeboten wird, ist in letzter Zeit immer populärer geworden. Sie gilt als eine der wirkungsvollsten sanften Therapieformen und hat einige Vorteile, die sie besonders auch in Krisenzeiten attraktiv machen.

Die Bachblütentherapie geht auf den englischen Arzt Dr. Edward Bach (1886 bis 1936) zurück, der auch in der Forschung tätig war und sich unter anderem intensiv mit der Homöopathie beschäftigte. Sowohl die Homöopathie Samuel Hahnemanns als auch das psychoanalytische Konzept C. G. Jungs dürften Dr. Bach bei der Entdeckung seiner Heilmethode inspiriert haben. Vor allem waren es aber seine ausgeprägte Sensitivität und seine Liebe zur Natur, die Dr. Bach bei der Entdeckung seiner 38 Heilessenzen halfen, die inzwischen als „Bachblüten“ in zahlreichen Apotheken erhältlich sind.

Für die Herstellung der Bachblüten sammelte Dr. Bach die Blüten wild wachsender Pflanzen und legte die jeweiligen Blüten an einem sonnigen, wolkenlosen Tag in eine mit Quellwasser gefüllte Schale. Bei dieser „Sonnenmethode“, zu der es noch eine alternative „Kochmethode“ gibt, werden die Blüten aus dem Wasser entnommen, bevor sie zu welken beginnen. Laut Dr. Bach wird bei diesem Vorgang die „Schwingung“ der Blüte auf den Trägerstoff Wasser übertragen. Um die Mittel haltbar zu machen, wird das Wasser dann mit Alkohol, meist mit Cognac oder Whiskey, konserviert und dann noch weiter verdünnt.

Die in Glasfläschchen in den Handel gelangenden Bachblüten sind keine Medikamente im herkömmlichen Sinne; es sind vor allem seelisch wirksame Mittel, obwohl sie auch für die Behandlung körperlicher Beschwerden hinzugezogen werden. Die positive Lebensenergie der verschiedenen Pflanzen wird vornehmlich dazu eingesetzt, psychische Fehlhaltungen aufzulösen – so gesehen haben wir es bei der Bachblütentherapie mit einer alternativen Form von Psycho-Therapie zu tun.

Dr. Bach war sich der Zusammenhänge zwischen Körper und Seele wohl bewußt, und er vertrat die Ansicht, daß der Harmonisierung der Psyche die wichtigste Bedeutung bei der ganzheitlichen Behandlung eines Menschen zukomme. Wir haben ja auch beim Thema Streß bereits über die vielfältigen Zusammenhänge zwischen einer belasteten Seele und den dadurch auftretenden körperlichen Beschwerden besprochen.

Im Grunde können wir die Bachblütentherapie also als ein Hilfsmittel für unsere seelische Entwicklung betrachten. Die Bachblütentherapie weist keinerlei unangenehme Nebenwirkungen auf und wird auch bei Kindern gefahrlos angewendet. Obwohl es natürlich immer gut ist, professionelle Hilfe in Anspruch zu nehmen, können Sie auch allein mit der Bachblütentherapie experimentieren, denn gerade in Lebenskrisen, wie beispielsweise bei einer Verlustkrise, werden Sie sich Ihres seelischen Zustandes sehr genau bewußt sein, was die Voraussetzung für die Auswahl des richtigen Bachblütenmittels ist.

Das Aufsuchen eines professionellen Bachblütentherapeuten wird vor allem dann wichtig sein, wenn Sie Probleme damit haben, sich für die richtige Blüte zu entscheiden. Doch einerseits sollten Sie hier auch immer Ihre Intuition miteinbeziehen und andererseits werden wir Ihnen im folgenden jene Bachblüten aufzählen, die besonders in Krisensituationen angezeigt sind. Die kurzen Beschreibungen der jeweiligen Heilwirkungen werden es Ihnen relativ leicht machen, die richtige Blüte für Sie herauszufinden.

Doch bevor wir nun auf die einzelnen Bachblüten zu sprechen kommen, die uns bei Lebenskrisen weiterhelfen können, wollen wir Ihnen noch einen Tip zur Dosierung geben. Normalerweise genügt es, dreimal täglich jeweils fünf Tropen der Bachblütenessenz zwischen den Mahlzeiten einzunehmen. Gerade in Zeiten besonderer Belastung, wie sie ja während seelischer Krisen gegeben sind, können Sie anfangs aber auch stündlich drei bis vier Tropfen Ihrer Bachblüte einnehmen, doch sollten Sie die Dosis nach einer Woche allmählich auf die obengenannte Menge reduzieren. Insgesamt können Sie aber durchaus mehrere Wochen bei einer Blüte bleiben.

Es ist von besonderer Bedeutung, während dieser Zeit immer wieder in sich hineinzuhorchen und auf die Reaktionen zu achten, die das Heilmittel in Ihnen hervorruft. Manche Menschen sehr sprechen schnell auf die Blütentherapie an, während andere erst nach einigen Tagen oder Wochen bemerken, wie sich ihr seelischer Zustand harmonisiert und sie zu mehr Ruhe und Vertrauen finden. Haben Sie also ein wenig Geduld, und wechseln Sie auch einmal die Bachblüte, wenn Sie das Gefühl haben, daß Ihnen eine andere Blüte für die weitere Entwicklung besser täte.

Nicht alle der insgesamt 38 Bachblüten sind für die Bewältigung extremer Situationen, wie sie durch Lebenskrisen hervorgerufen werden, sinnvoll. Daher werden wir Ihnen im folgenden die wichtigsten „Krisenblüten“ vorstellen, aus denen Sie sich dann einfach die Blüte heraussuchen, zu der sie sich aufgrund der Beschreibung spontan am ehesten hingezogen fühlen.

- *Agrimony* (Odermennig). Dieses Mittel ist besonders für Menschen geeignet, die zu Suchtverhalten neigen und bei Problemen zu Alkohol und anderen Drogen greifen. Agrimony-Menschen öffnen sich anderen Menschen gegenüber nur ungern und verstecken ihre wahren Gefühle hinter einer Rolle, die sie den anderen vorspielen.
- *Cerato* (Bleiwurz). Cerato hilft jenen Menschen, denen es an gesundem Selbstvertrauen fehlt und die Entscheidungs-

schwierigkeiten haben. Gerade in Krisenzeiten neigen sie dazu, sich in zu hohem Maß auf die Meinungen der anderen zu verlassen, anstatt auf ihre eigenen Erkenntnisse und Entscheidungen zu vertrauen.

- *Cherry Plum* (Kirschpflaume). Dieses Blütenmittel dient allen Menschen, die Angst davor haben, in ein gedankliches Chaos zu verfallen und die Kontrolle über ihr Leben zu verlieren. Cherry-Plum-Menschen sind sehr sensibel und werden durch Schicksalschläge so sehr aus dem Gleichgewicht gebracht, daß sie fürchten, verrückt zu werden.
- *Chestnut Bud* (Kastanienknospen). Chestnut Bud hilft den Menschen, die aus ihren Erfahrungen zuwenig Nutzen ziehen und deshalb leidhafte Situationen des öfteren durchleben müssen, bis diese Situationen so intensiv durchgearbeitet wurden, daß eine weitere Anziehung schicksalhafter „Zufälle" für die Persönlichkeitsentwicklung nicht mehr notwendig ist. Gerade wenn sich bestimmte „Krisenmuster" öfter wiederholen, sollte man es mit Chestnut Bud versuchen.
- *Clematis* (Waldrebe). Dieses Mittel unterstützt jene Menschen, die aufgrund ihrer Todessehnsucht selbstmordgefährdet sind. Diesen Menschen fällt es oft sehr schwer, sich von der Vergangenheit zu lösen, und sie haben oft zu wenig Interesse an der Gegenwart und an ihrer zukünftigen Entwicklung. Gerade bei häufig wiederkehrenden oder intensiven Selbstmordgedanken ist es natürlich immer wichtig, einen Therapeuten hinzuzuziehen.
- *Gorse* (Stechginster). Dieses Mittel hilft den Menschen, die aufgrund belastender Situationen die Hoffnung sehr schnell aufgeben. Gorse-Menschen sind oft in negativen Gedankenmustern gefangen, und im Grunde haben Sie allen Glauben daran verloren, daß ihnen noch geholfen werden könnte. Dieses Mittel wirkt besonders auch in Situationen, in denen negative Gedanken akut über uns hereinbrechen, wie etwa bei schweren Erkrankungen, plötzlicher Arbeitslosigkeit usw.

- *Olive* (Olive). Olive ist eines der wichtigsten „Krisenmittel", denn es hilft vor allem den Menschen, die durch körperliches oder seelisches Leid so erschöpft sind, daß sie überhaupt keine Kraft und Lebensfreude mehr haben. Olive-Menschen werden oft auch sehr müde und erschöpft sein und zu depressiven Verstimmungen neigen.
- *Honeysuckle* (Geißblatt). Dieses Bachblütenmittel hilft vor allem dann, wenn Menschen sich stark auf ihre Vergangenheit konzentrieren und in der Gegenwart unglücklich sind, weil sie an die vergangenen, so viel besseren Zeiten denken müssen. Gerade bei Trennungskrisen wird Honeysuckle ein gutes Mittel sein, um die Loslösung von der Vergangenheit zu erleichtern und sich für das Neue zu öffnen.
- *Hornbeam* (Hainbuche). Dieses Mittel hilft ausgezeichnet gegen Streß, vor allem dann, wenn wir das Gefühl haben, daß uns alles über den Kopf wächst und wir weder die körperliche noch die seelische Kraft haben, weitere Belastungen zu ertragen.
- *Star of Bethlehem* (Goldiger Milchstern). Auch Star of Bethlehem ist ein ausgesprochenes Krisenmittel, da es vor allem Menschen hilft, die von einem schwerwiegendes Ereignis, wie dem Verlust eines geliebten Menschen, betroffen sind. Dieses Mittel hilft auch bei Schockzuständen, die auftreten können, wenn eine schlimme Nachricht uns erschüttert.
- *Sweet Chestnut* (Edelkastanie). Dieses Mittel hilft all jenen Menschen, die so verzweifelt sind, daß sie es kaum noch aushalten können. Es ist das Mittel für den Fall, daß wir an der äußersten Grenze der Belastbarkeit angekommen sind und vielleicht sogar denken, daß der Tod der einzige Ausweg wäre.
- *White Chestnut* (Roßkastanie). White Chestnut ist ein Mittel, das vor allem dann hilft, wenn Menschen sehr lange Zeit für die Krisenbewältigung benötigen, da sich immerzu störende Gedanken in ihr Bewußtsein drängen. Durch

die ständige Gegenwart negativer Gedanken, fällt es immer schwerer, sich auf seine täglichen Aufgaben zu konzentrieren oder sich gar für angenehme Erfahrungen zu öffnen.

Hilfe aus der eigenen Mitte

Wir alle wissen aus eigener Erfahrung, wie schwierig Krisenzeiten für uns werden können. Darum ist es ja auch so wichtig, Hilfe in Anspruch zu nehmen und alle Chancen zu ergreifen, die sich uns bieten, um mit den Belastungen der Krise besser fertig werden zu können. So wichtig Anregungen von außen aber auch sind, so müssen wir uns letzten Endes doch immer auf uns selbst besinnen, wenn wir die schwierige Zeit überwinden möchten. Nur wir selbst können unsere Krise lösen – niemand sonst kann uns das abnehmen.

Wir werden uns nun im folgenden mit einigen ganzheitlichen Techniken beschäftigen, Ihnen also zeigen, wie Sie gleichzeitig auf emotionaler, körperlicher und geistiger Ebene vorgehen können, um die erwünschte Wandlung herbeizuführen. Bisher haben wir uns ja vor allem mit Möglichkeiten beschäftigt, unsere Lebenskrise durch gedankliche Prozesse zu bewältigen. Die Lösungsstrategien und „Stufen der Überwindung" aus den vorigen Kapiteln haben uns dabei geholfen, uns selbst und unsere Probleme klarer zu sehen und wichtige Schritte für die Lösung der Krise zu tun.

Um eine wirklich tiefgreifende Krisenlösung zu bewirken, können wir aber noch weitere, einfache und zugleich doch sehr effektive Mittel anwenden. Die folgenden „Tips" dienen letztlich alle dazu, die Kraft aus der eigenen Mitte zu aktivieren.

Zunächst mag uns die Erkenntnis, daß nur wir selbst unsere Krisen meistern können, etwas hart erscheinen. Doch erstens verfügen wir über ein enormes Potential, das uns jederzeit dabei helfen kann, schwierige Situationen zu meistern, und zweitens müssen wir eigentlich nur den ersten Schritt tun. Dieses Prinzip wird auch in dem Satz: „Hilf dir selbst, dann hilft dir Gott" zum Ausdruck gebracht.

Wenn wir unser inneres Gleichgewicht zurückgewinnen möchten, müssen wir zuerst einmal den Willen haben, die Krise auch wirklich zu überwinden. Sobald wir diesen Schritt aber getan, uns also „auf den Weg gemacht“ haben, kommen uns plötzlich helfende Kräfte entgegen. Diese Energien kommen aus unserer eigenen Mitte, aus unserer Seele oder von Gott oder unserem „Höheren Selbst“.

Menschen, die es gelernt haben, den Kontakt zu ihrer Mitte beziehungsweise ihrem Höheren Selbst aufzunehmen, machen immer wieder die Erfahrung, daß die Hilfe, die uns von hier aus zuteil wird, die entscheidende Wende herbeiführt.

Die folgenden Techniken werden Ihnen dabei helfen, die besten Voraussetzungen für diesen Kontakt herzustellen. Gleichzeitig werden Sie durch diese Übungen lernen, wie Sie die Belastungen und den Streß, die Lebenskrisen mit sich bringen, leichter überwinden beziehungsweise vermeiden können.

Gefühle ausdrücken

Wir haben schon davon gesprochen, wie wichtig es vor allem in Lebenskrisen ist, seine Gefühle auszudrücken. Gerade Männer haben hier leider oft besonders große Probleme, da sie es noch weniger als Frauen gelernt haben, Gefühle der Trauer oder Verzweiflung zuzulassen.

Wenn Sie in einer Lebenskrise stecken, müssen Sie sich darauf gefaßt machen, daß Sie ein Gefühl der Ohmacht und Hilflosigkeit überkommen wird. Auch müssen Sie damit rechnen, daß Sie unter Umständen wütend, aggressiv, gereizt oder auch müde und interesselos werden können und daß es Momente geben wird, in denen Sie von Selbstzweifeln geplagt werden.

Wir haben bereits festgestellt, daß Gefühle zum Ausdruck kommen müssen, da sie sonst nur unnötigen Streß erzeugen.

Die eine Möglichkeit, Gefühle auszudrücken, besteht darin, daß wir über sie sprechen. Dazu müssen wir den Mut haben, zuzugeben, daß wir Angst haben oder verzweifelt sind.

Die zweite Möglichkeit, Gefühle zum Ausdruck zu bringen, besteht darin, daß wir sie nicht sprachlich, sondern direkt äußern, indem wir beispielsweise weinen, schreien, schluchzen oder toben. Es ist überaus heilsam, wenn Sie es schaffen, Tränen zuzulassen. Wenn Sie wütend sind, so können Sie auf ein großes Kissen einschlagen; wenn Sie aggressiv sind, können Sie schreien und brüllen – und wenn Sie das vielleicht auch nicht in Ihrer Wohnung tun können, so können Sie es beispielsweise im Auto tun.

Während Kinder ihre Gefühle sehr direkt zum Ausdruck bringen können, fällt uns dies oft sehr schwer, weil wir Angst haben, dadurch die Kontrolle zu verlieren. Doch selbst bei starken Gefühlsausbrüchen können wir ein gewisses Maß an Kontrolle bewahren, indem wir die Gefühle bewußt zulassen und sie sehr genau beobachten. Dadurch machen wir uns zum Zuschauer, erzeugen einen gewissen Abstand zu diesen Gefühlen, so daß wir die Kontrolle behalten, was nicht heißt, daß wir die Gefühle unterdrücken.

Um den Kontakt zu unserer eigenen Mitte aufnehmen zu können und in die Stille zu finden, die uns letztlich von jeder Krise heilen wird, ist es zunächst nötig, unsere Gefühle anzunehmen und unsere emotionalen Stürme toben zu lassen. Daß es dabei auch einmal laut zugehen kann, sollte kein Hinderungsgrund sein, denn nur wenn wir uns durch den Ausdruck unserer Gefühle vom emotionalen Ballast befreien, können wir wirkliche, tiefe Ruhe finden.

Haltung bewahren

Bei der Bewältigung von Krisen sollten wir auch unseren Körper mit einbeziehen. Wir wissen ja, daß Krisen Distreß erzeugen und somit auch dem Körper schaden können. Daher sollten wir gerade in schwierigen Situationen dafür sorgen, daß wir unseren Körper ein wenig verwöhnen, daß wir uns genug bewegen und uns möglichst gesund ernähren. Auf diese Weise wirken wir dem Streß entgegen – vor allem schaffen wir aber auch eine gute Basis, um auch psychisch wieder in unsere Mitte zu finden.

Tatsächlich hängen Körper und Seele ja sehr eng zusammen, und so können kleine positive Veränderungen im Körper auch der Heilung unserer Seele dienen. Um Streß abzubauen und körperliche Harmonie zu erzeugen, können wir beispielsweise ein wenig Sport treiben, spazierengehen oder uns Techniken wie Yoga, Tai Chi oder Qi Gong zuwenden. Gerade diese östlichen Techniken können in Krisenzeiten sehr hilfreich sein, da sie darauf abzielen, das körperlich-seelische Gleichgewicht zu verbessern, und uns auch ein hohes Maß an Entspannung ermöglichen.

Die einfachste Möglichkeit, körperliche positive Veränderungen zu bewirken, besteht darin, daß wir unsere Körperhaltung verändern. So einfach dieser kleine „Trick" auch scheinen mag, so wirkungsvoll ist er doch. Unsere Körper haltung spiegelt sich immer auch unsere psychische Haltung wider. Ein belasteter, verzweifelter Mensch wird eine andere Körperhaltung einnehmen als ein selbstbewußter, mit Lebensenergie geladener.

Wenn wir es schon nicht schaffen, unsere psychische Niedergeschlagenheit zu überwinden, so können wir wenigstens dafür sorgen, daß unsere äußere Haltung aufrecht und entspannt ist. Diese Technik ist deshalb so wirkungsvoll, weil jede kleinste Veränderung an unserer körperlichen Haltung sehr schnell auch unsere seelische Haltung verbessern wird.

Unter den Belastungen, die Lebenskrisen mit sich bringen, neigen wir schnell dazu, den „Kopf hängen zu lassen", die Schultern fallen zu lassen, im Oberkörper und Rücken zusammenzusinken und somit eben auch unsere Haltung zu verlieren oder aber Verspannungen und Verkrampfungen aufzubauen, die zeigen, daß wir nicht loslassen können, sondern uns festhalten.

Wenn Sie Ihre Haltung korrigieren möchten, ist es wichtig, daß Sie dies sehr einfühlsam und ohne Gewalt tun. Anhand der folgenden Punkte, die übrigens auch für die Meditationsübung im folgenden Kapitel zu beachten sind, können Sie Ihre Haltung im Alltag immer wieder korrigieren:

- Halten Sie die Wirbelsäule aufrecht, sinken Sie also nicht in sich zusammen, gleichgültig ob Sie sitzen oder stehen.
- Halten Sie den Kopf erhoben. Der Blick sollte entspannt nach vorne gerichtet sein. Indem Sie das Kinn leicht in Richtung Brust bringen, spüren Sie eine leichte Dehnung im Nacken, die Ihnen dabei hilft, auch im oberen Teil der Wirbelsäule aufrecht zu bleiben.
- Entspannen Sie alle Muskeln, die für die Haltung oder die Bewegungen, die Sie gerade ausführen, nicht benötigt werden. Entspannen Sie vor allem die Kiefer- und Gesichtsmuskulatur, die Schultern und Hände, denn in diesen Bereichen kommt es oft zu unnötigen Anspannungen.
- Verlagern Sie Ihren Schwerpunkt in den Bauch- und Beckenraum. Versuchen Sie, in den Schultern loszulassen und statt dessen die Kraft im natürlichen Zentrum, dem Bauch, zu sammeln.
- Lächeln Sie! Lassen Sie aus der Tiefe Ihrer Mitte ein Lächeln aufsteigen, und versuchen Sie, auch wenn es in Ihrer jetzigen Situation schwierig sein mag, über Ihr Lächeln eine Heiterkeit nach außen strahlen zu lassen, die von Ihrer inneren Kraft zeugt. Doch achten Sie darauf, daß Sie beim Lächeln nicht nur die Mundwinkel hochziehen, sondern daß Ihr Lächeln wirklich von innen kommt.

Es gehören ein starker Wille und Kaft dazu, um in krisenhaften Situationen die Haltung zu bewahren und im wahrsten Sinne des Wortes den „Kopf nicht hängen zu lassen.“ Dennoch ist es sehr wichtig, die äußere Haltung zu bewahren, weil wir dadurch nicht zuletzt auch unserem Unterbewußtsein signalisieren, daß wir nicht kapitulieren werden, sondern bereit sind, uns unserer Krise zu stellen. Unser Unterbewußtsein empfängt das Signal und wird in der Folge alles daransetzen, uns bei der Überwindung der Krise zu helfen.

Doch auch die innere Haltung ist in schwierigen Zeiten immer wieder zu korrigieren, denn ebenso wie eine kraftvolle, aufrechte Haltung im Körper uns helfen wird, werden auch kraftvolle, positive Gedanken uns helfen, unser inneres Potential zur Krisenbewältigung zu erwecken.

Entspannung für Körper und Seele

Wie wir bereits im Kapitel über Streß besprochen haben, ist jede Lebenskrise immer auch mit einem beträchtlichen Maß an Streß für Körper und Seele verbunden. Die starken negativen Emotionen, die uns in schwierigen Situationen belasten, wirken sich nämlich nicht nur auf unsere Stimmung und unser Gemüt, sondern ebenso auf unseren Körper höchst schädlich aus.

Wir alle wissen ja aus eigener Erfahrung, daß sich seelische Spannungen auf der körperlichen Ebene oft in Form von hartnäckigen Verspannungen äußern und daß wir dann nicht nur seelisch, sondern auch körperlich verkrampft sind. Schmerzen verursachen Verspannungen und Verspannungen verstärken wiederum die Schmerzen – ein Teufelskreis, den wir erst dann durchbrechen werden, wenn wir lernen, uns wieder zu entspannen. Indem wir uns entspannen, also unsere Spannungen auflösen, kommt es nicht nur zu einer muskulären, sondern eben vor allem zu einer psychischen Lösung und Entspannung.

Leider ist den meisten von uns wenig geholfen, wenn wir ihnen den Rat geben, sich doch „einfach zu entspannen", denn mit Willenskraft allein läßt sich in diesem Bereich nichts erzwingen. Doch obwohl man Entspannung nicht erzwingen kann, kann man sie durchaus üben, und tatsächlich brauchen wir gerade in Krisensituationen, in denen es ja besonders schwierig ist, loszulassen, eine Technik, genauer gesagt eine Entspannungstechnik.

Die meisten Entspannungstechniken benützen den sinnvollen „Umweg" über den Körper, das heißt, daß sie Möglichkeiten aufzeigen, den Körper oder besser gesagt die Muskulatur zu entspannen. Erfahrungsgemäß ist es sehr viel einfacher, die Muskeln zu entspannen, als eine direkte seelische Entspannung zu bewirken. Wenn die Muskulatur aber erst entspannt ist, sorgen die psycho-physischen Zusammenhänge dafür, daß wir auch seelisch und gedanklich abschalten und neue Energien tanken können, die wir für die Bewältigung unserer Krise so dringend benötigen.

Die folgende, einfache Entspannungstechnik hat ihren Ursprung in der Yogatradition, wobei sie für westliche Verhältnisse angepaßt wurde, so daß sie von jedem von uns leicht ausführbar und schnell erlernbar ist. Für diese Entspannungstechnik – die Tiefenentspannung – benötigen Sie etwa 10 bis 15 Minuten Zeit, und am besten wäre es natürlich, die Übung täglich einmal auszuführen.

Die *Tiefenentspannung*. Sorgen Sie dafür, daß Sie ungestört sind, und wählen Sie als Unterlage eine weiche Decke, die Sie auf dem Boden auslegen.

Am besten ist es, wenn Sie sich die Übung zunächst durchlesen und sich die einzelnen Schritte kurz einprägen. Natürlich können Sie die Übung auch auf Band sprechen, wobei Sie dann zwischen den Sätzen genügend lange Pausen machen sollten, um genug Zeit für das Erleben der Entspannung zu haben.

Legen Sie sich zunächst bequem auf den Rücken, lassen Sie die Füße locker auseinanderfallen, legen Sie die Arme mit den Handflächen nach oben locker neben den Körper und schließen Sie die Augen. Versuchen Sie, Ihren Atem langsam und tief ein- und ausströmen zu lassen, ohne ihn zu forcieren. Drehen Sie den Kopf einige Male sanft nach links und rechts, und überprüfen Sie noch einmal, ob Sie bequem liegen.

Konzentrieren Sie sich nun zuerst auf Ihr rechtes Bein. Spannen Sie die Fußmuskulatur an, indem Sie die Zehen anziehen, spannen Sie zugleich die Wadenmuskulatur und den rechten Oberschenkel an. Halten Sie die Spannung einige Sekunden, wobei Sie ruhig weiteratmen – und lassen Sie dann wieder los. Entspannen Sie die Muskeln des rechten Beines, lassen Sie das Bein ganz schwer werden. Wiederholen Sie die Anspannung der Fuß- und Beinmuskulatur mit dem rechten Bein noch zweimal, also insgesamt dreimal.

Verfahren Sie nun ebenso mit dem linken Bein. Konzentrieren Sie sich ganz auf Ihr linkes Bein. Spannen Sie die Fußmuskulatur, die Wadenmuskulatur und den linken Oberschenkel ganz fest an. Halten Sie die Spannung einige Sekunden, atmen Sie dabei ruhig weiter – und lassen Sie die Spannung dann wieder los, wobei Sie spüren, wie Ihr linkes Bein ganz schwer wird. Wiederholen Sie die Übung auch mit dem linken Bein insgesamt dreimal.

Als nächstes konzentrieren Sie sich auf das Gesäß und spannen die Gesäßmuskeln an, indem Sie den Po fest zusammenkneifen. Halten Sie die Anspannung wieder einige Sekunden – weiteratmen – und entspannen Sie die Muskeln. Wiederholen Sie auch diese Anspannung insgesamt dreimal.

Konzentrieren Sie sich nun auf Ihren rechten Arm. Ballen Sie die rechte Hand zu einer festen Faust, spannen Sie gleichzeitig die Unterarmmuskulatur und auch den Oberarm bewußt an. Halten Sie die Spannung kurz – atmen Sie ruhig weiter – und entspannen Sie den Arm wieder. Lassen Sie den rechten Arm ganz schwer, die Hand ganz weich werden. Wiederholen Sie die An- und Entspannung dreimal.

Nun wenden Sie sich dem linken Arm zu. Konzentrieren Sie sich auf den linken Arm. Ballen Sie die Hand zu einer Faust, spannen Sie gleichzeitig die Unterarmmuskulatur und auch den linken Oberarm bewußt an. Halten Sie die Spannung einige Sekunden – atmen Sie aber ruhig weiter – und entspannen Sie den Arm wieder, und wiederholen Sie die An- und Entspannung dreimal.

Als nächstes spannen Sie den Bauch an, indem Sie beide Beine ein winziges Stück vom Boden abheben. Halten Sie die Spannung einige Sekunden – atmen Sie ruhig weiter – lassen Sie die Beine wieder sinken und entspannen Sie sich. Wiederholen Sie auch die Anspannung der Bauchmuskeln insgesamt dreimal.

Nun spannen Sie die Rückenmuskeln an, indem Sie den Rücken fest in den Boden schieben und auch die Schultern gegen den Boden drücken. Halten Sie die Spannung – atmen Sie dabei ruhig weiter – und entspannen Sie den Rücken dann. Wiederholen Sie dies dreimal.

Konzentrieren Sie sich dann auf Ihre Brust und Ihre Schultern. Ziehen Sie die Schultern nach oben, und spannen Sie gleichzeitig Ihre Brustmuskulatur an. Halten Sie die Spannung – atmen Sie ruhig weiter – entspannen Sie sich, und wiederholen Sie dies dreimal.

Als nächstes spannen Sie die Nackenmuskulatur an, indem Sie Ihren Kopf ein ganz kleines Stückchen vom Boden abheben. Halten Sie die Spannung – atmen Sie ruhig weiter – entspannen Sie sich, und wiederholen Sie das Ganze dreimal.

Zuletzt spannen Sie Ihrer Gesichtsmuskeln an. Runzeln Sie dazu die Stirn, ziehen Sie die Augenbrauen kräftig nach oben, reißen Sie den Mund weit auf und strecken Sie die Zunge heraus. Halten Sie die Spannung – atmen Sie ruhig weiter – und entspannen Sie das Gesicht dann wieder. Spannen und entspannen Sie auch die Gesichtsmuskulatur dreimal.

Nachdem Sie Ihren ganzen Körper in dieser Weise durchgearbeitet haben, bleiben Sie nun ganz entspannt liegen. Spüren Sie, wie Ihr Körper immer schwerer wird. Sie können sich dabei vorstellen, wie Sie im warmen Sand liegen und wie Ihre Beine, Ihr Gesäß, Ihre Arme, Ihr Rücken und Ihr Kopf entspannt und weich in den Sand einsinken.

Lassen Sie Ihren Atem weich ein- und ausströmen, beobachten Sie ihn nur und spüren Sie allmählich, wie sich die Entspannung wie eine warme Welle über Ihren ganzen Körper ausbreitet. Genießen Sie diesen Zustand tiefer Entspannung noch eine Weile. Können Sie spüren, wie sich die Entspannung des Körpers auch auf die Seele auswirkt? Spüren Sie, wie sich Ihr Zustand durch die Übung verändert hat, wie der Körper weicher und die Gedanken ruhiger geworden sind?

Um die Übung zu beenden, strecken Sie die Arme über den Kopf, öffnen die Augen und wenden sich dann wieder dem Alltag zu.

Die Kraft der Stille

Wir haben vorhin schon darüber gesprochen, wie wichtig es ist, den Kontakt zu unserer eigenen Mitte aufzunehmen, um unsere Krisen wirklich tiefgreifend lösen zu können. Doch wie schaffen wir das? Wie können wir lernen, mit unserer Mitte, beziehungsweise unserem „Höheren Selbst" oder „Gott" zu kommunizieren und den Satz: „Hilf dir selbst, dann hilft dir Gott" in unserem Leben Wirklichkeit werden zu lassen? Wie gehen wir also vor, wenn wir unser „Höheres Selbst" darum bitten, uns zu helfen?

Angenommen, wir würden einen sehr guten Freund in einer schwierigen Situation um Hilfe bitten, was wäre dann die wichtigste Voraussetzung, damit wir seine Hilfe annehmen können?

Nun, wahrscheinlich wäre es am wichtigsten, daß wir ihm überhaupt zuhören, denn wenn wir gar nicht erst auf das hören, was er uns zu sagen hat, können wir auch keinen Nutzen aus seinen Ratschlägen ziehen.

Für die ganzheitliche Krisenlösung ist es nun sehr wichtig, daß wir lernen, mit der „Quelle unserer inneren Weisheit" zu kommunizieren. Gerade in schwierigen Phasen unseres Lebens können wir sehr stark davon profitieren, wenn es uns gelingt, den Kontakt mit dieser Quelle aufzunehmen.

Damit wir mit dieser inneren Quelle oder mit „Gott" kommunizieren können, müssen wir zuhören, und das heißt, daß wir vollkommen still werden müssen. So wichtig es zu bestimmten Zeiten ist, Krisen zu analysieren und sich Zusammenhänge klarzumachen, so wichtig ist es manchmal auch, zu schweigen, zu lauschen, sich für sein „Höheres Selbst" zu öffnen und zu vertrauen.

Die Kraft der Stille ist eine sehr starke, heilende Energie und kann uns zur Lösung führen, doch um diese Kraft zu erfahren, müssen wir ganz ruhig und still werden.

Da wir es normalerweise nicht gewöhnt sind, innerlich still zu werden, müssen wir dies ein wenig üben. Wenn Sie nicht gerade praktizierender Christ sind, der die Stille regelmäßig im Gebet sucht, oder Buddhist, der täglich meditiert, und wenn Sie sich ebensowenig mit Entspannungs- und Stilletechniken wie dem autogenem Training oder Yoga beschäftigt haben, so wird es Ihnen anfangs wahrscheinlich nicht ganz leicht fallen, in die Stille zu gehen.

In unserem Alltag treffen wir Stille nur sehr selten an. Nicht nur unsere Tätigkeiten und Verpflichtungen, sondern auch die vielen Reize, die täglich auf uns einwirken, erzeugen meist Unruhe, wenn nicht sogar Hektik – und sicher werden Sie gleich noch sehen, daß es in der Tat eine große Kunst ist, die innere Unruhe zu beseitigen.

Ebenso wie Kinder liebend gerne herumhüpfen und immer aktiv sein wollen, lieben es nämlich auch unsere Gedanken, „herumzuhüpfen“ und in ständiger Bewegung zu bleiben. Haben Sie schon einmal versucht, ein quicklebendiges und ganz und gar nicht müdes Kind ins Bett zu schicken? Wenn ja, dann wissen Sie ungefähr, was bei dem Versuch, zur inneren Ruhe zu finden, auf Sie zukommen wird.

Doch so schwierig, wie Ihnen die Sache jetzt erscheinen mag, ist sie nicht. Wenn Sie die folgende Übung regelmäßig ausführen, werden Sie schon bald erfahren, daß es gar nicht so schwer ist, nach innen zu horchen und die Stimme aus unserer eigenen Mitte zu vernehmen.

Stille-Meditation: Ziehen Sie sich für eine kurze Zeit aus dem Alltag zurück. Sorgen Sie dafür, daß Sie ungestört sind, und schalten Sie äußere Störfaktoren aus.

Setzen Sie sich dann entspannt, aber mit aufrechter Wirbelsäule auf einen Stuhl, ohne sich dabei jedoch anzulehnen. Natürlich können Sie sich auch auf den Boden setzen – wichtig ist nur, daß Sie den Rücken aufrecht halten, Schultern und Gesichtsmuskeln aber entspannen und Ihren Schwerpunkt in den Bauch verlagern.

Schließen Sie dann die Augen, atmen Sie einige Male tief und ruhig ein und aus, und versuchen Sie, zur Ruhe zu kommen und die Ereignisse des Alltags hinter sich zu lassen.

Wenn Sie das Gefühl haben, daß Sie einigermaßen ruhig geworden sind, beginnen Sie damit, Ihre Gedanken zu beobachten. Schauen Sie Ihren Gedanken wie einem Film zu. Werden Sie sich der Bewegungen ihrer Gedanken bewußt, schauen Sie einfach nur zu – vermeiden Sie es aber, bestimmten Gedanken nachzuhängen.

Mit der Zeit werden Sie bemerken, daß allein durch die Beobachtung allmählich Stille eintritt. Sobald dies der Fall ist, bitten Sie Ihr „Höheres Selbst“ darum, Ihnen einen Ausweg aus Ihrer schwierigen Lage zu zeigen. Bleiben Sie jedoch in der Stille, wahren Sie Ihre Gelassenheit und fangen Sie nicht an, im herkömmlichen Sinn über Ihre Krise nachzudenken. Statt dessen geht es nun darum, die Antwort intuitiv zu erfassen. Vertrauen Sie auf die Weisheit Ihres „Höheren Selbst“, öffnen Sie sich und bleiben Sie vor allem ruhig und entspannt, zugleich aber auch wach.

Wenn möglich, sollten Sie sich jeden Tag ein wenig Zeit für diese kleine Meditation nehmen. Machen Sie sich aber nichts daraus, wenn sich Erfolge nicht gleich einstellen. Mit ein wenig Geduld werden Sie bemerken, daß die Stimme aus Ihrer Mitte immer deutlicher und konkreter wird – doch können Sie hier nichts erzwingen. Bei dieser Übung geht es schließlich nicht darum, „etwas zu tun“, sondern darum, still zu werden, loszulassen und „auf Empfang zu stellen“.

Mit der Zeit werden Sie bemerken, wie sich etwas verändert, wie heilsam sich die Energie der Stille auf Ihre Seele auswirken wird und wie Sie in dem Maße, indem es Ihnen gelingt, die Verbindung nach innen zu erfahren, immer gelassener werden und gleichzeitig an persönlicher Kraft gewinnen.

Die Zunahme an persönlicher Kraft ist es, die den Durchbruch bewirkt. Krisen und Streß schwächen unsere persönliche Kraft, während Ruhe und Meditation sie stärken.

Auch wenn Sie Ihre Krise nicht von heute auf morgen lösen können, so dürfen Sie darauf vertrauen, daß es ihnen letztlich doch gelingen wird. Dies bedeutet, daß Sie an Bewußtheit, an Kraft und Gelassenheit gewonnen haben werden.

Jede bewußt bewältigte Krise wird nicht nur dazu führen, daß Sie in Zukunft intensiver und glücklicher leben können, sondern sie wird Sie auch in die Lage versetzen, anderen Menschen, die in eine Krise geraten sind, zu helfen und ihnen auf ihrem Weg zur Bewältigung ihrer Krisen beizustehen.

Empfehlenswerte Literatur

Zu Lebenskrisen, allgemein

Bragdon, Emma: Spirituelle Krisen. Wendepunkte im Leben. 1991.

Adl-Amini, Bijan: Nachtstunden des Lebens. Krisen verstehen – Krisen bestehen. 1992.

Beer, Ulrich: Lebenskrisen und Lebenschancen. Cassette und Begleitheft. 1995.

Zu Pubertät

Schulze, Sigrid: Abenteuer Pubertät. Wenn Kinder erwachsen werden. 1996.

Zu Selbstmordneigung

Peeck, Stephan: Müde vom Leben. Gespräche und Wege aus der Krise. 1994.

Zu Partnerkrisen

Gray, John: Auseinandergeliebt. Wie Paare ihrer Beziehung neue Energie geben können. 1996.

Reich, Günter: Partnerwahl und Ehekrisen. Eine familiendynamische Studie. 1991.

Wolf, Alfred: Krise, Trennung, Scheidung. 1996.

Zu Midlife-crises

Schaible, Günther: Plus/Minus Vierzig. Neuorientierung in der Lebensmitte. 1996.

Sheehy, Gail: In der Mitte des Lebens. Die Bewältigung vorhersehbarer Krisen. 1989.

Theobald, Dieter/Theobald, Vreni: Was heißt hier Midlife-Krise? Die besten Jahre des Lebens – und wie man sie heil überstehen kann. 1995.

Zu Wechseljahre

Barbach, Lonnie: Die dritte Weiblichkeit. Frauen in den Wechseljahren. 1995

Jacobowitz, Ruth S.: Menopause, na und? 150 Antworten auf die meistgestellten Fragen zum Thema Wechseljahre. 1995

Kurth, Kristine: Die verflixten Wechseljahre ... und wie man sie bewältigt. 1986.

Lark, Susan M.: Die Menopause. Der glückliche Wechsel in einen neuen Lebensabschnitt. 1992.

Ruedt von Collenberg, Irmhilt: Wechseljahre. Beschwerden natürlich behandeln. 1995.

Zu Alterskrisen

Jung, Mathias: Die zweite Lebenshälfte. 1992.

Zu Arbeitslosigkeit

Rupprecht-Stroell, Birgit: Plötzlich ohne Job. Bewältigungsstrategien, Zukunftsperspektiven, Behördengänge und Formalitäten, Übergangslösungen, Wiedereinstieg ins Berufsleben. 1993.

Zu Krankheitskrisen

Dethlefsen, Thorwald/Dahlke, Rüdiger: Krankheit als Weg. 1983.

Zu Streßbewältigung

Ceh, Johan: Entspannen jederzeit. Techniken zur besseren Streßbewältigung. 1995.

Coleman, Vernon: Befreien Sie sich aus der Streßfalle. 100 Strategien zu mehr Gelassenheit. 1995.

Lindemann, Hannes: Das Anti-Streß-Programm. Zur optimalen Bewältigung von Alltag und Beruf. 1994.

Murphy, Joseph: Positiv leben ohne Streß. 1992.

Zu Bachblüten-Therapie
Bach, Edward: Blumen, die durch die Seele heilen. 1985.

Schwarz Aljoscha/Schweppe Ronald: Bachblüten. Gesundheit für die Seele. 1995.

Register